丛书主编◎鞠远方　林媛媛

幼儿园课程生活化教研探索丛书

和孩子们一起幸福地过日子：
温暖的师幼闲聊

本书主编◎林雅静　陈佳

海峡出版发行集团 | 福建教育出版社

图书在版编目（CIP）数据

和孩子们一起幸福地过日子．温暖的师幼闲聊/林雅静，陈佳主编． －福州：福建教育出版社，2025.4.（幼儿园课程生活化教研探索丛书/鞠远方，林媛媛主编）．－ISBN 978-7-5758-0036-5

Ⅰ.G612

中国国家版本馆 CIP 数据核字第 2024YV7540 号

幼儿园课程生活化教研探索丛书

丛书主编　鞠远方　林媛媛

He Haizimen Yiqi Xingfu De Guo Rizi：Wennuan De Shiyou Xianliao

和孩子们一起幸福地过日子：温暖的师幼闲聊

本书主编　林雅静　陈佳

出版发行	福建教育出版社
	（福州市梦山路 27 号　邮编：350025　网址：www.fep.com.cn
	编辑部电话：0591-83763625
	发行部电话：0591-83721876　87115073　010-62024258）
出 版 人	江金辉
印　　刷	福建新华联合印务集团有限公司
	（福州市晋安区福兴大道 42 号　邮编：350014）
开　　本	710 毫米×1000 毫米　1/16
印　　张	9
字　　数	119 千字
插　　页	1
版　　次	2025 年 4 月第 1 版　2025 年 4 月第 1 次印刷
书　　号	ISBN 978-7-5758-0036-5
定　　价	36.00 元

如发现本书印装质量问题，请向本社出版科（电话：0591-83726019）调换。

编 委 会

丛书主编：鞠远方　林媛媛
本书主编：林雅静　陈　佳
编　　委：唐艳艳　沈慧琴　林丽敏　陈毅凡　苏云芳
　　　　　　刘娜丽　刘晗阳　王雨菲　郑华芬　陈桂英
　　　　　　陈　真　林　晶　陈慧敏　岳筱娴　陈建清
　　　　　　姚崖胜　黄莉莉　施晓敏　林　舟　林益群
　　　　　　黄智容

序

生活化是幼儿园课程的基本特征，是幼儿园课程改革的基本命题。2018年起，福建省普通教育教学研究室幼教科正式启动幼儿园课程生活化的课改行动，以福建省幼儿教育研究基地园培育项目为抓手，引领数十所省级幼儿教育研究基地开展有主题、有目标、有结构的行动研究，致力于通过课程生活化来深化福建省幼儿园课程内涵，形成具有科学性、创新性、可推广性的闽派幼儿园课程改革成果。

为进一步触发教育实践工作者的反思与超越，2020年底，福建省普通教育教学研究室幼教科通过与众多专家的探讨，最终提出了"和孩子们一起幸福地过日子"这一课改思想，它直接、鲜明地凝练出了幼儿园课程生活化改革的实践期许，也反映全体项目组园所对初心、目的、过程的共识。

"幸福"强调生活与教育的终极意义

幸福是人类生活的永恒情结和人类发展的原动力。因此，幸福应当成为教育的基本使命，是落实课程生活化的起点与归宿。必须确信，教师之于幼儿幸福是可为的，亦是负有使命的：教师需要也应当让幼儿感受到生活过程的幸福，让幼儿感受到生活真理不断敞亮的幸福，让幼儿感受到生命智慧渐次启迪中的幸福。

幸福并非抽象、虚无的，它会落脚在具体的生活中，落脚在切身的体验中：教师要让幼儿获得"存在感"，使其能"在自己创造的世界中感受做主人的喜悦"；教师要让幼儿获得"实现感"，使其获得情感的充分释放、经验的充分调配、智慧的充分实践；教师要让幼儿获得"收获感"，使其收获友谊、收获进步、收获尊重；教师要让幼儿获得"相遇感"，让儿童与儿童相遇，让教师与儿童相遇，使其收获人际间的社交温情、心灵间的相互陪伴。

这些幸福的体验绝不仅生长在童年生活的当下，还会成为一种终身幸福的潜在资本，以其特有的线索、逻辑在儿童生命长河之中融会贯通，滋养灵敏的思维、积极的情操、高尚的品格等，使其拥有真正完整而幸福的人生。

"幸福地"强调教育过程中的情感向度

幼儿在园生活中表露的外显情感需要被教师所"在意"，那些潜藏的内隐情感需要教师在师幼共处的点滴中持续维护与滋养。若隐蔽了情感，幼儿的生活将被机械的知识和冰冷的问题裹挟，缺失心灵之间的相互慰藉和抵达，原生的善意和美好将难以获得滋养。

追寻情感向度，需要教师从对"课程怎么做"的焦虑与目的中有意地抽离，走进幼儿的情感世界，给予儿童高质量的爱，即一种基于情感与关系的灵魂深处的陪伴与支持。

"和孩子们一起"强调教师要积极去和幼儿交往

教师是幼儿成长的重要他人，教师的言行举止不仅是教育影响的重要内容，亦是幼儿在其实际生活中十分在意的内容。一个优秀的教师，必然是幼儿渴望交往的对象；一个优秀的教师，必然热衷且善于与幼儿交往。

为此，与儿童日常相处的教师，应当真正地成为儿童的成长伙伴，他们愿意与儿童交往、善于与儿童交往、享受与儿童交往，并能通过积极的交往让儿童获得愉悦的体验、智慧的启迪、人格的滋养。

研究团队持续研究和学习如何与幼儿交往、如何积极地与幼儿交往，让师幼双方在彼此信任、敞开自我的心境之下，共同营造独特而幸福的生活样态。十分庆幸，在多年的努力下，教师慢慢地在"退"与"进"中重拾信心和底气，人际间的"人情味"越来越足，师幼关系愈加和谐融洽，师幼双方共同朝着幸福与美好同行。

"过日子"强调生活的价值以及"生活化"的实践要义

"过日子"是人们对生活展开过程的最朴素的描绘。课程的生活化就是强调让教育的过程还原到生活的本真，让课程自然地落脚在儿童的生活和行动里：它不需要教师为呈现与众不同的"优质课程"而绞尽脑汁地设计课程，而是需要教师在与儿童的共同生活中不断思考"儿童需要我们做些什么"，从而从容、自然地生发课程，以此助力儿童更加投入地解决问题、建构经验，让儿童因为课程的实施而更加亲近、受益于自己的生活。

可见，实施高质量生活化课程的关键在于教师要支持儿童以儿童的节奏、儿童的方式去过儿童想过且有价值的生活。我们也正为此而不断地修炼看待生活、看待课程的态度和眼光：在课程实施的过程中能够更敏锐地观察生活，利用生活；在课程实施的过程中能以更高位的视角看待生活，敬畏生活；在课程实施的过程中以更虔诚的态度，让课程服务生活；在课程实践中，继续努力实现儿童经验本位与儿童发展本位，让幼儿的潜能得到更充分的发挥。

"和孩子们一起幸福地过日子"是对"教育者姿态"的反思与追寻

"和孩子们一起幸福地过日子"是对教师工作实践状态的期许。在教育与教研实践中，我们常常困扰于教师的观念、教师的行事，却很少真正站在课程主体的立场上思考，究竟幼儿喜欢的教师是什么样的，究竟幼儿希望我们怎样与他们相处。

作为陪伴幼儿成长的关键他人，"教育者姿态"是幼儿所关切的。教师应当是一个能够让幼儿感受到信任、自在、快乐的人。首先，必须要"有趣"，要读得懂幼儿的快乐才能与幼儿一起创造和享受快乐；其次，必须要"有爱"，在幼儿受到误解、否定、轻视的时候，能够理解，能够欣赏，能够给予光亮，让幼儿感到和教师在一起的松快；再次，要"有胸怀"，知进退、大格局、不冲动妄为，不斤斤计较，让幼儿放松地表露真情实感；最后，要"有智慧"，敏于洞悉、善于点拨、慧心巧思，能够在幼儿漫漫的在园时光中，使智慧得到徐徐点亮。

我们希望教师能够在教育生活中时刻保持对"我是什么样的人""我以何姿态与幼儿相处"的敏感，去端正和优化自身的姿态，扪心自问、客观评价：我们是否被幼儿认知为这样的人，这样基于儿童视角的美好的人。

总而言之，"和孩子们一起幸福地过日子"是希望教师以美好的心灵、美好的姿态去与幼儿交往，在鲜活的共同生活中珍视一切有价值的真实发生，自觉关心儿童生活世界的"色调"和"纹理"，用真挚的情感与情谊"以情化育"，以积极的价值观和支持力润泽儿童的生长过程，成就幼儿幸福的童年体验以及终身幸福的潜力，而教师也能从中收获幸福的反哺，与儿童幸福共生。

尽管目前的研究和成果离这一期许还有一定距离，但这些年，福建省幼儿教育研究基地园展现出了热切的教育情怀、积极的教研状态，成为了福建幼教团体中一股备受瞩目且激奋人心的力量。他们基于本园课程基础，选取不同研究点进行了扎实的研究，努力实现对"和孩子们一起幸福地过日子"这一主张的实践诠释：他们各自围绕研究内容提出了一个简明的实践主张，生成了多个温暖、幸福的课程故事，还梳理了丰富多元的实践策略以说明、启示如何让主张实现于课程实践。这些成果为幼儿园落实课程生活化提供了鲜活的样本和工具。截至 2023 年，我们的研究已孵化出如下成果：福建幼儿师范高等专科学校附属第一幼儿园《"有温度"的幼儿园食育》、福建省莆田市荔城区第二实验幼儿园《温暖的师幼闲聊》、福建省厦门市莲云幼儿园《创"有意思"的幼儿园环境》、福建省福安市第二实验幼儿园《看见幼儿生活中的课程资源》、福建省晋江市池店镇桥南中心幼儿园《守护幼儿的愿望》。此外，另有二十余所幼儿园正在努力进行实践探索、孵化成果，有待后续推进。

在此丛书出版之际，首先，感谢福建省普通教育教学研究室郑云清主任对幼教工作的鼎力支持与关怀，让本项课题研究有底气、有平台、有动力；其次，感谢南京师范大学虞永平教授、许卓娅教授，福建师范大学林菁教授、吴荔红教授、孟迎芳教授、张玉敏博士对本项研究直接或间接的指导，以及各地市幼教教研员在属地基地园研究过程中给予的专业推进，这些专业引领是支持研究团队不断前行的力量；再次，感谢三年多来一起同行的基地园单位，从八闽各地因美好的情怀走到一起，在"真研究"的历程中付出了极大的心血，终以赤诚的信念孵化出了丰硕的成果，幼儿园的信任和努力激励我们继续开拓进取；最后，感谢福建教育出版社以丛书的形式支持基地园成果的出版，这对整个研究团队、对基地园所而言都是莫大的鼓励，也使福建省普教室幼教科有关课程改革的行动实现了更大范围的辐射推广。感激之情浓浓，难言尽。

本套丛书的出版，是一种激励，更是一种鞭策。我们会继续不懈努力，在课程改革的进程中持续深思与优化教育观、儿童观、课程观，以生活为载体、以幸福为基调，积极追寻、努力实现"和孩子们一起幸福地过日子"！

前言

儿童成长的过程总伴随着一些高频词，如知识、能力、学习等，这些高频词的出现在折射出成人对儿童的殷切期盼的同时，也反映出成人对儿童成长体验与情绪情感的忽视。换而言之，我们总是关注儿童的外显发展，而选择性地忽视儿童对这个世界真实的情感。但是，当我们跟随儿童走进他们的世界、倾听他们的每一句童言稚语，我们才得以发现，儿童的真实需要与希望并非如此，他们希望自己是独立、平等且被尊重的，希望自己是可以自由表达、表现的，希望自己的失落情绪是被关照的，希望自己是有保留私密的权力与空间的……而这些真实且迫切的希望则需要作为学前教育工作者的我们放下教育的功利心，调节内心的焦灼与压力，平等地与儿童交流，在平淡而幸福的幼儿园生活中逐渐温暖内心、充实自己。

在福建省普通教育教学研究室幼儿教育研究基地园项目的驱动下，基于"和孩子们一起幸福地过日子"理念的指引下，我们开展了"幼儿园生活中师幼闲聊的价值及其实现途径"的课题研究，在对师幼在园幸福生活的向往与探索中，我们看到了"师幼闲聊"这一非正式的交流方式在师幼互动中的特殊价值与现实困境：幼儿热衷于闲聊却受到时空限制，幼儿想和老师闲聊却不敢靠近，师幼闲聊的话题总是以说教收场，等等。儿童对闲聊的喜爱与教师对待闲聊的态度、师幼闲聊开展的现状之间存在着显著的矛盾。因此，我们提出"让师幼闲聊点亮童年时光"的教育主张，并将实践经验进行归纳整理，集结成书。

　　本书首先概述了师幼闲聊的实践主张，在内涵诠释的基础上，将"让师幼闲聊点亮童年时光"的主张从实践价值与原则、实践形式与要点等方面进行说明。针对师幼闲聊的实践要点，本书提出以"三维八法"实现高质量的师幼闲聊，剖析了师幼闲聊中教师的关键能力与技巧。接着，本书探讨了师幼闲聊的实践意义，在理论诠释的基础上，从儿童发展、教师成长、课程转变、环境优化四个方面阐述了师幼闲聊带来的变化与发展。对于师幼闲聊的实践策略，本书以"三个如何"为线索，即"如何以闲聊引发学习""如何以闲聊推进游戏""如何以闲聊助力生活"，介绍将师幼闲聊的主张真正落地实施的途径与方式，每一个子策略都清晰地展示了该策略的智慧缘起、场地选设、材料准备、适用对象与策略说明，为一线教育者开展实际的闲聊活动提供了具体、全面、可操作性的参考。书中还展示了师幼闲聊课程实践过程中形成的10篇课程故事与5篇微趣故事，在真实、生动的故事情境中，读者们能够不断看到闲聊在课程中的存在，并且更加深刻地感受到师幼闲聊在课程生发、课程推进、课程延伸中发挥的重要作用。

　　本书的编写人员为林雅静、陈佳、唐艳艳、沈慧琴。课程故事部分由课程实施者林丽敏、陈桂英、岳筱娴、刘晗阳、林晶、陈真、唐艳艳、沈慧琴、陈慧敏、姚崖胜提供并协助完成。林雅静、陈佳、唐艳艳、郑华芬、钟汝菁、郑华芬、王雨菲校审了终稿。

　　本书在编写过程中参考、引用了许多学者的研究成果，在此一并表示衷心的感谢。

扫码观看部分课程故事视频

目 录

理念与策略

第一章　师幼闲聊的实践主张与意义 ········· 3
第一节　实践主张：让师幼闲聊点亮童年时光 ········· 3
第二节　实践意义：促成儿童、观念、课程、环境转变 ······ 15

第二章　师幼闲聊的实践策略 ········· 20
第一节　如何以闲聊引发学习 ········· 21
　　活动室的漫聊小屋 ········· 21
　　自然角的雅趣小座 ········· 23
　　卫生间的"秘密基地" ········· 24
　　寝室里的宣泄角 ········· 26
　　楼道里的百变"话"廊 ········· 27
第二节　如何以闲聊推进游戏 ········· 29
　　运动补给站 ········· 30
　　露营小帐篷 ········· 31
　　框架功能区 ········· 33
　　甜品奶茶铺 ········· 34
　　空中聊天室 ········· 36
第三节　如何以闲聊助力生活 ········· 37
　　闲聊"研思趴" ········· 38

1

我的心情色卡 ·· 39
　　闲聊派对 ·· 41

课程故事

扫码观看部分课程故事视频

第三章　师幼闲聊的课程故事 ·························· 45
　　鸽子遇难之后 ·· 45
　　配送面包虫 ·· 54
　　班级清洁日 ·· 65
　　我们的"秘密基地" ··· 73
　　受伤风波 ·· 79
　　嗨！足球小将 ·· 86
　　当儿童遇见古诗词 ·· 94
　　玩具不见了 ·· 99
　　口罩风波 ·· 108
　　你好呀，朋友 ·· 115

第四章　闲聊中的微趣故事 ······························ 121
　　老师的白头发 ·· 121
　　我也要个有爱的"画" ······································ 122
　　哎呀，蛋破了！ ··· 124
　　荷兰猪去哪儿了？ ·· 125
　　老师的鞋柜 ·· 127

理念与策略

第一章　师幼闲聊的实践主张与意义

第一节　实践主张：让师幼闲聊点亮童年时光

一、内涵诠释

在幼儿园教育中，焦虑感和紧迫感成为教师每日工作的主要基调，这种状态与感受也无形地传递到了师幼互动的过程中，导致儿童只能在有限的、专门性的师幼互动中被看到、被听见。当儿童的百种语言只能通过功利性、目的性极强且单一的途径去展现，那么，幼儿还会真正地感受到幸福吗？基于这样的教育生活现状，我们提出"让师幼闲聊点亮童年时光"的教育主张，希望引发教师对在园闲暇时光的重新关注，引导教师在一次次非正式的谈话中倾听并了解不同儿童的表达方式，带动教师对师幼互动问题的再次审视，激发教师对课程建设中人本价值的追寻，进而带动教师以闲聊为切入点，和幼儿共同勾勒出在园生活最为真实且质朴的幸福情景。对于该主张，可从以下四个方面阐述。

1. 让闲聊自在发生。师幼间闲聊的发生虽然没有固定的时间与场合，但却受到幼儿园生活中一日活动安排的制约。因此，主张首先强调的就是要保障师幼闲聊时间与闲聊空间的充分与自如。通过给予教师、幼儿一定的时间自主权与环境创设权，师幼闲聊不断由室内延伸至室外，由随机的闲聊延伸至专门的闲聊，由生活延伸至游戏、学习，师幼闲聊不会被干扰或打断，幼儿可以专心、自在地投入到与教师的畅聊中。

2. 让闲聊助长智慧。师幼间的闲聊并非瞎聊，也并非目的性极强的谈话。主张所强调的闲聊指向的是在一日生活中的自由活动与过渡环节中，教师与幼儿的平等性交流，尤其是幼儿对自我想法、自我诉求以及自我情感的表达。闲聊过程中通过教师的启发性引导，幼儿的思维认知不断提升，进而产生对生活、游戏、学习更全面、更深入的思考。

3. 让闲聊激发活力。师幼间的闲聊关注的是幼儿与教师在园生活中的闲暇时光，以及在这份闲暇中师幼的松弛感与满足感。教师应珍视这些零散时间里幼儿与教师、与同伴的交流与互动，要帮助幼儿在这些闲暇的时间、闲适的空间中得到身体上的放松、思想上的延展、心灵上的释放，进而获得更加充沛的精力与积极的状态投入学习与生活中。

4. 让闲聊成就幸福。在师幼闲聊不断生发与推进的过程中，不论是闲聊中的幼儿、教师还是环境都在悄然发生着变化，而这些变化会微妙地作用于幼儿园的整体生活，让幼儿园生活变得有趣、有味。而在这样的幼儿园氛围下，幼儿与教师一定是和谐的、幸福的、满足的、相互成就的，而这便是我们的主张所追求的。

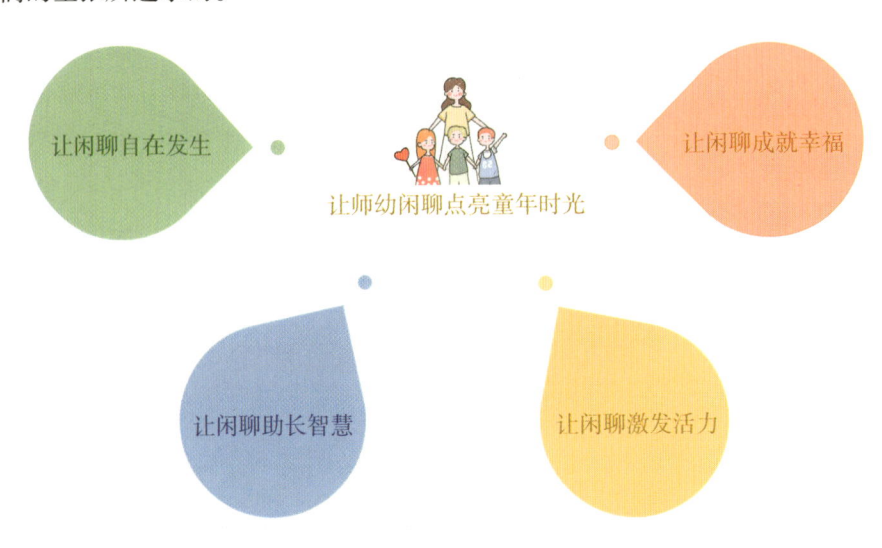

二、实践价值与原则

1. 扩宽师幼互动的渠道，促进儿童发展个性、幸福成长。在以往的幼儿园活动中，师幼互动总是基于常规性的活动类型，如集中教学活动下的师幼互动，自主游戏中的师幼互动，目的性谈话下的师幼互动等，而生活环节、自由活动环节中的闲聊似乎总是被忽视或避开，师幼闲聊于幼儿的发展价值也因此被湮没。伴随课题的深入开展，师幼闲聊再次走进学前教育工作者的视野，通过回顾、反思、研讨一次次与幼儿间的闲聊故事，我们不断意识到与师幼互动的其他方式相比，闲聊能更及时、更灵活、更真实地反映与促进幼儿的发展。因此，该主张的提出能够让教师们真正看见师幼闲聊，并珍视师幼闲聊对儿童成长的重要价值，让幼儿在更加自由、放松、充分的互动过程中，收获源自师幼闲聊带来的幸福感、满足感。

2. 凸显互动的关键要素，促进教师专业素养高质量发展。主张中提出"在闲聊中与儿童心灵对话"，与儿童心灵对话是师幼闲聊的关键要素、难点所在，高质量的师幼闲聊也一定是走进儿童内心，真实地与儿童对话的过程。基于实践研究，我们发现影响师幼闲聊质量的因素除了教师自身的工作压力、性格偏向，也在很大程度上取决于教师的聊天方法与技巧，即应答策略上存在着显著的问题，如教师没有站在幼儿的立场，没有同幼儿产生情感共鸣；教师无法及时地观察、分析并判断幼儿的关注点与兴趣点；闲聊方法欠缺；等等。因此，该主张的提出能够引导教师反观自己的儿童观与教育观，回顾自己与幼儿的闲聊状态，并鼓励教师不断学习与幼儿闲聊的具体技巧与方法，在实现幼儿在闲聊中的发展的同时，也不断达成专业素养提升与职业体验拉满的双重幸福。

3. 展现课程的人本价值，促进园本课程的可持续建构。主张的提出反映了课题研究从关照幼儿的幸福出发，以师幼闲聊为途径不断达成教师与幼儿的幸福共生，这是幼儿教育应该实现的美好愿景，也是幼儿教育最本真、最真挚的教育样态。通过将"闲聊""儿童""教师""成长""幸福"相关联，帮助学前教育工作者不仅看到幼儿园中外显的活动，更看到幼儿园中的幼儿与老师，看到他们的生活状态与期盼，这是幼儿园教育中人本价值的极大体现，也有利于消除幼儿园教育的功利心，帮助幼儿园课程架构不断走向可持续发展。

三、实践形式与要点

（一）实践形式

基于课题研究的探索实践，我们不断扩展师幼间闲聊的实施类型，最终梳理出以下两种闲聊形式：随机发生的闲聊和特定区域内的闲聊。

1. 随机发生的闲聊。即教师、幼儿在一日生活中零散的时间段自发地闲聊互动，幼儿可以随时变换闲聊对象（个体、小组），也可以随时转换闲聊地点（活动室、寝室、盥洗室、走廊）。随机发生的闲聊在所有的闲聊形式中占比最大。

2. 特定区域内的闲聊。即教师、幼儿在创设的闲聊情境中进行专门性的聊天互动。基于幼儿在不同活动中、时间段内的聊天需求，教师在活动室内创设了"漫聊小屋"，在自然角中创设了"雅趣小座"，在户外游戏中创设了"野趣露营聊天室""运动补给站"等，幼儿可以在特定的时间段进入这些区域，开展聊天互动。

实践形式	发生时间	发生地点	互动形式	互动话题	环境创设
随机发生的闲聊	在园生活的自由时间	活动室、寝室、盥洗室、走廊（不确定）	个体、小组（随机变化）	随机出现或课程延展产生的兴趣点	无特定创设
特定区域内的闲聊	区域时间、户外游戏时间等特定时间	漫聊小屋等教师特定创设的区域	个体、小组（随机变化）	随机出现，区域内的提示话题或课程延展产生的兴趣点	特定创设

（二）实践要点

基于对师幼闲聊价值及其实践路径的实践研究，本课题通过将影响师幼闲聊的环境因素、情感因素、策略因素等因素进行整合分析，逐渐梳理出高质量闲聊的难点，并在此基础上形成了围绕"闲聊环境""闲聊情意""闲聊技法"的三大维度、八大方法的师幼闲聊实践策略。

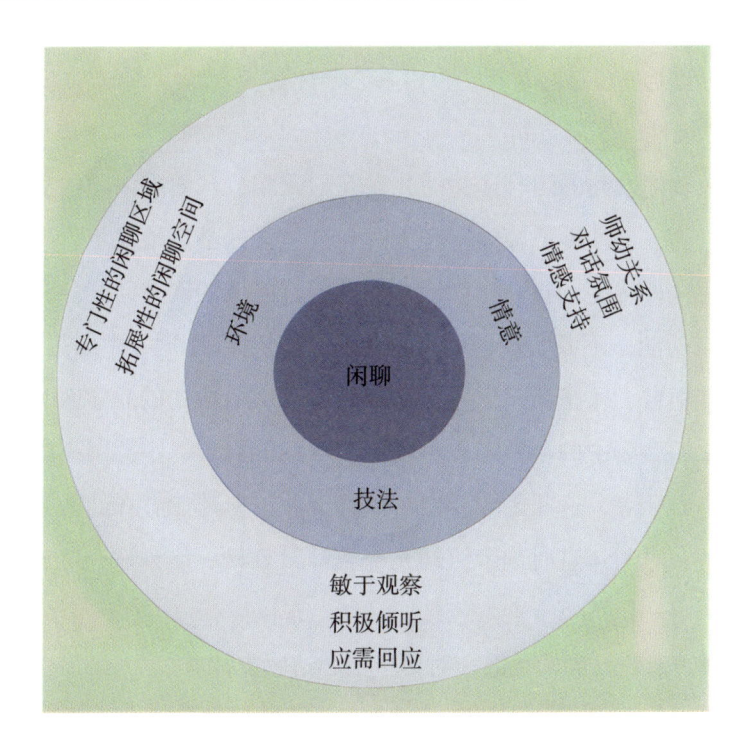

1.闲聊环境——专门性的闲聊区域、拓展性的闲聊空间。

正如植物的生长需要阳光、水、土壤和空气，师幼间闲聊的发生同样需要环境的支持与保障。那么，怎样的环境才能够帮助幼儿消除心中戒备，敢于打开闲聊的话匣子并且轻松、自在地吐露心声呢？

（1）专门性的闲聊区域。

私密、温馨的空间是师幼闲聊主动发生以及持续发生的基础性条件。幼儿园一日生活的场所是相对开放的，幼儿在其中很难拥有与老师、与同伴专属的闲聊空间。基于幼儿的闲聊兴趣和幼儿在园生活的场所划分，我们将闲聊区域融入班级室内区域、自然角区域、户外游戏区域，并以此创设了专门性的闲聊区域，如漫聊小屋、野趣露营聊天室、雅趣小座、甜品奶茶铺等，通过在这些闲聊区域中投放温馨可爱的靠椅抱枕、美味可口的饮品点心、好玩有趣的自然物与游戏卡片、可供记录与表达的便笺纸与录音笔等，不断唤醒师幼积极的闲聊情绪和感受，使幼儿心情放松，并且让有不同闲聊需要与表达水平的幼儿都能够愿意聊、自由聊、开怀聊。

（2）扩展性的闲聊空间。

不论是教师发起的闲聊还是幼儿发起的闲聊，其闲聊话题的生成都具有显著的随机性，也就是说师幼闲聊无时无刻、无处不在地发生着。基于师幼闲聊发生的这一特性，我们在创设专门性闲聊区域的同时，充分利用其他空间的作用与功能，不断实现闲聊在幼儿游戏、生活与学习中的拓展。例如，走廊里的鞋柜台、秘密花园小屋中的阳光房、生活坊中的品尝区、迷你花园的小草坡、运动区中的小秋千和小爬网、球场的看台、小菜园中的凉亭、沙水池旁的小石凳等，这些区域看似与闲聊无关，但却能够在幼儿生活中的自由环节与游戏时的休息时刻带给幼儿与教师最放松、最自然、最自在的闲聊体验。

2.闲聊情意——师幼关系、对话氛围、情感支持。

温暖、积极的情感联结不仅是开启幼儿与教师畅聊之门的一把钥匙，更是促进师幼闲聊从浅表的形式走向深刻的互动的关键要素。那么，如何在师幼闲聊的过程中建立起这种积极而紧密的情感联结呢？作为教师，我们需要从师幼关系、对话氛围、情感支持方面进行思考与实践，让幼儿在平等、信任的关系下大胆、自主地表达，不断促使闲聊不断走向教师、幼儿彼此的内心深处，使闲聊成为撬动心灵的杠杆。

（1）师幼关系——平等与信任。

师幼关系的和谐与否关乎着幼儿在园生活的参与度与体验感，同样关乎着教师的教育策略与行动方式。在师幼闲聊的实践探索中，我们发现只有平等、信任且自主的师幼关系才有可能创建更多的闲聊契机以及高质量的闲聊内容。平等的师幼关系要求教师能够尊重幼儿在闲聊中的主体性地位，鼓励幼儿自发、自由的言论表达，不以教师的权威自居，不去强迫或压制幼儿的表达需求与表达内容。而信任的师幼关系要求教师能够消除对幼儿的怀疑，相信幼儿是有思想、有情感、独立的个体，同时更充分地了解不同年龄段幼儿在思维结构、感知理解、言语表达、生活经验上的不同之处，因为这些都是形成幼儿不同闲聊表现的基础；在面对错误或失败时，能看到幼儿内心的失意与沮丧，并将消极的责难转变为积极的行动。在平等而信任的师幼关系中，幼儿不会再因胆怯而不敢表达，不会再因失误而畏惧表达，相反，他们的表达会愈加大胆、热烈与真实。

（2）对话氛围——温暖与真诚。

在师幼闲聊的过程中，对话氛围就像是一只无形的手，能够推动着闲聊走向不同的方向与结果。我们认为，营造师幼闲聊的对话氛围，重点在于温暖与真诚。教师亲切的微笑、暖心的话语、鼓舞的眼神、坚定的拥抱，都能带给幼儿熟悉而有力的安全感与依恋感。这种安全感与依恋感让幼儿感受到教师如家人、朋友般亲近，并帮助幼儿不断敞开心扉、消除怀疑，逐渐从不敢聊、不想聊到敢于聊、愿意聊。与此同时，教师在闲聊过程中也需要展露自己真实的想法与情感，真诚地参与到与幼儿的交流与互动中。就像在闲聊故事《我也要个有爱的画》中，当教师在一旁听到孩子们在聊天中表现出对核酸检测的担心与害怕时，教师并没有袖手旁观，而是选择参与到孩子们的闲聊当中，借助肢体抚慰传达对孩子的关心，借助话语"对呀！医生就是在你们的喉咙里画画呢"，启发孩子们对核酸检测的新期待，老师的主动参与和真诚互动不仅减少了孩子们对核酸检测的消极情绪，更从另外一个角度让孩子们建立起了对核酸检测独特的体验感。因此，温暖与真诚的互动氛围不单单需要教师用眼看、用耳听，更需要教师以心交心、以心会心，真挚地与幼儿进行聊天互动：当幼儿表达时安静倾听，当幼儿进步时不吝称赞，当幼儿害怕时及时鼓励，当幼儿困顿时主动启发……教师自然、积极且真诚的回应一定会打动、感染并带动幼儿在闲聊中走得更深！

（3）情感支持——共情与理解。

共情与理解作为教师的专业能力之一，在师幼闲聊的过程中同样发挥着重要且不可被替代的作用。教师要提高自身在师幼闲聊中的共情意识，即在倾听完幼儿的表达后不急于判断其内容的适宜性，而是透过表象的言语去察觉、理解幼儿在当下情境中内心的情绪状态。教师要在闲聊过程中做到感同身受，也就是说仅仅关注到幼儿在聊天时的情绪反应是不够的，要想真正地走进幼儿的心灵，教师就要将自己置身于孩子的生活场景中，作为朋友切身感受，惊喜幼儿的惊喜、难过幼儿的难过，只有这样，师幼闲聊才能真正散发出生活情意与生活味道。

3. 闲聊技法——敏于观察、积极倾听、应需回应。

师幼闲聊虽然属于非正式的师幼互动形式，但为了使闲聊能够发挥出更大的价值，其质量的提升依旧非常需要教师策略与技法上的支持。那么，教师在参与师幼闲聊时可以从哪些途径给予支持？又该在何时运用不同的技法？课题实践通过剖析大量的闲聊案例与师幼互动过程，不断梳理、总结出以下三方面的技法支持。

（1）敏于观察。

对于教师而言，首先要做的就是走进幼儿的闲聊场景，通过观察幼儿闲聊时的动作、神情、注意力、参与度，了解他们喜欢的闲聊话题以及参与闲聊的目的，并以此寻找打开闲聊的突破口。就像在课程故事《嗨！唐艳艳》中，当教师无意间看到、听到班级的孩子兴奋地在楼梯间呼喊着自己的名字的时候，内心在充斥着尴尬、纠结的同时也萌生了许多疑问："为什么孩子们敢对我直呼其名？这究竟是怎么回事？"基于这样的疑问，教师进一步走近孩子，察觉到全班的孩子竟然都知道自己的名字，在热衷于叫自己名字的同时还对自己名字的写法、含义有着浓厚的探究欲望。就这样，老师从孩子们的兴趣中开启了师幼间关于"爱的创想、爱的昵称、爱的传递"的系列闲聊互动与课程探索。需要说明的是，"观察"指向的不仅仅是感官上的发现，更是基于感官发现的心灵察觉，这需要教师注入更多的细腻的感知和深刻的思考。

（2）积极倾听。

在师幼闲聊中，"听"能够极大地帮助教师获取幼儿输出的信息要素，教师是否能够主动地听、专注地听、耐心地听、感同身受地听决定着师幼闲聊是否能够真正地走进幼儿的心灵。积极倾听首先要求教师做到平和以待、双目注视、耐心听取，既不屏蔽幼儿的想法，也不打断幼儿的表达，通过倾听给予幼儿充分的尊重。其次，积极倾听要求教师在倾听中客观、冷静地听取，摒弃"我认为"和"我觉得"，不能将对幼儿的熟悉等同于对幼儿的理解，只有如此，教师通过倾听看到的幼儿才是具体情境中的幼儿，教师对幼儿的认识与了解才会更接近幼儿本质。最后，积极倾听还要求教师不仅要听到幼儿的开心与快乐，更要听到幼儿的难过与困惑，感受他们对周围环境中的人、事、物的细微觉察，理解他们内心的波澜起伏。就像在课程故事《楼道的神秘符号》中所呈现的那样，男孩被全体同伴指责为楼道标记的始作俑者，他的委屈和气愤无处倾诉，而教师通过"漫聊小屋"中的录音笔倾听男孩内心的想法和真实情绪的吐露。正是这一份主动倾听、深刻反思和共情理解，最终不断帮助男孩澄清自己、勇敢面对。

（3）应需回应。

应需回应包含言语回应策略与非言语回应策略两种。言语回应策略指的是教师在闲聊过程中对幼儿的语言、行为、能力等方面给出的语言回应。通过对教师言语回应的内容与目标进行分类，言语回应策略大致分为以下几类：白描式言语回应（复述幼儿的观点、陈述自己的观点或自己看到的事件经过，以此来丰富幼儿的回答）、启发式言语回应（通过疑问调动幼儿分享经验与看法，以激发幼儿闲聊的兴趣，推动闲聊的深入）、共情式言语回应（借助情感性的词与语句表现出教师对幼儿情绪的关注与理解）、总结式言语回应（对闲聊过程中部分或全部观点的梳理与汇总）。通过识别闲聊过程中幼儿的不同表现与需求，教师需要结合具体的聊天情境运用适宜的言语回应策略，如下表所示。

幼儿需求	言语策略	举例
引发关注	总结式言语回应	1. 刚才我发现你…… 2. 刚才你说……
	启发式言语回应	1. 那你有什么想法？ 2. 除了刚才的办法，你觉得还能怎么做？
	共情式言语回应	1. 你说得很有道理！ 2. 我也觉得你的想法很不错！
表达想法	启发式言语回应	1. 你还记得它是什么样子的吗？（记忆） 2. 这让你想到了什么？（应用） 3. 如果……会发生什么？（创造） 4. 你用了哪些材料？（理解） 5. 你比较喜欢哪一个？为什么？（评价） 6. 怎样才能知道它们是不是一样多？（分析）

续表

寻求帮助	共情式言语回应	1. 你看起来好像有点烦恼！ 2. 或许我可以帮助你一起解决哦！ 3. 我们一起解决好像也没有这么难，对吗？
	白描式言语回应	1. 刚才我发现你是…… 2. 我的想法（建议）是……
	启发式言语回应	1. 你觉得刚才的两种办法哪个更好呢？ 2. 有什么办法可以解决这个小麻烦？
宣泄情感	共情式言语回应	1. 我感觉到你现在好像有点难过，是吗？ 2. 我也有过跟你一样的心情！ 3. 你能告诉我，我真的很开心！ 4. 我真为你感到高兴！
	启发式言语回应	1. 能告诉我你为什么有点伤心吗？ 2. 你很伤心是因为刚才……还是…… 3. 有什么办法能让你开心起来？

由上表所示，教师对言语回应类型的选择应当基于幼儿的不同需求。当教师判断幼儿在闲聊中要想通过语言或其他表现引发教师或同伴对自己的关注时，教师可以选择总结式言语、启发式言语或共情式言语，通过"你说得很有道理""我觉得你的想法很不错"等言语的肯定与支持，让幼儿获得继续参与闲聊的自信，也能将注意力转而投入进一步的话题中；当教师察觉到幼儿在通过积极地参与而试图努力地表达想法时，教师可以主要选择启发式的言语回应，引导幼儿基于原有的表达内容进一步地回忆、应用、创造、理解、评价、分析，以在闲聊中不断深化幼儿对事物的认识与理解，提高思维发展水平；当教师通过观察幼儿的神情、语气判断出幼儿在寻求帮助时，教师可以选择共情式言语回应、白描式言语回应、启发式言语回应的策略，以此让幼儿感受到自己的情绪是被关照的，自己的想法是被理解的，帮助幼儿走出负面情绪，转移到对事件本身的进一步思考与寻求解决方法上；当教师通过闲聊判断幼儿想要宣泄情绪、缓和心情时，教师可以选择共情式言语与启发式言语策略，通过言语的安慰、理解与回应，拉近师幼间彼此的距离，不断建立师幼间的亲密感与信任感。需要注意的是，不论是何种言语回应策略的

应用，都应当建立在教师对幼儿具体需求与具体的闲聊情境判断的基础上，切忌盲目套用言语模板。

除此之外，在师幼闲聊过程中，教师适时、适当地使用非言语回应（即体态语回应）不仅能够辅助加深幼儿对互动内容的理解，更能拉近师幼间的距离，让幼儿感受到亲切、尊重、温暖与爱。因此，教师要有意识、有智慧地运用非言语回应的策略，让幼儿敢跟教师聊、爱跟教师聊，并发自内心地跟教师聊。具体来说，教师在闲聊时通常使用以下三种非言语回应策略——表情（通过面部肌肉、眉、唇、眼神变化来表达教师的思想感情）、手势（通过手臂和手指传递信息，变化形式多样、表现内容丰富，具有极强的表现力和吸引力）、身姿（包括行姿、坐姿、站姿）。不同类型的策略支持能够帮助教师传递不同的情感情绪，如下表。

情感传递	非言语回应策略	举例
好奇、惊讶	表情	眼神注视、眼睛张大、眉头微蹙、嘴唇微张
	手势	双手手心向上摊开、托腮思考
	身姿	耸肩、探身
温暖、关怀	表情	微笑、眉心舒展、注目、正视
	手势	拍肩、拉手、抚摸、拥抱、鼓掌、竖起大拇指
	身姿	下蹲、前倾
质疑、提问	表情	注目、微笑
	手势	摆手、伸手邀请
	身姿	前倾、下蹲、耸肩

（三）注意事项

1.该主张的实践一定要建立在对闲聊这一活动正确的界定与理解上，不能将闲聊等同于师幼间其他形式的互动，要注意其实施的特定性。

2.该主张表达的关键在于闲聊，但师幼间的闲聊互动以及对闲聊价值的深刻化实践一定需要建立在幼儿园课程的整体实践上，因此，对于主张的实施切不可片面化，要有课程实施的整体观。

第二节 实践意义：促成儿童、观念、课程、环境转变

闲聊并不是没有价值，只是我们的忽略与漠视让闲聊的价值被遗落、被窄化，甚至被负面化。在课题的实践探索过程中，我们看到孩子们对闲聊的热衷，发现孩子们在闲聊下的积极改变。经过研究，我们发现闲聊可以促成儿童、观念、课程、环境四个方面的转变，师幼闲聊迸发出独特而强大的价值与意义。

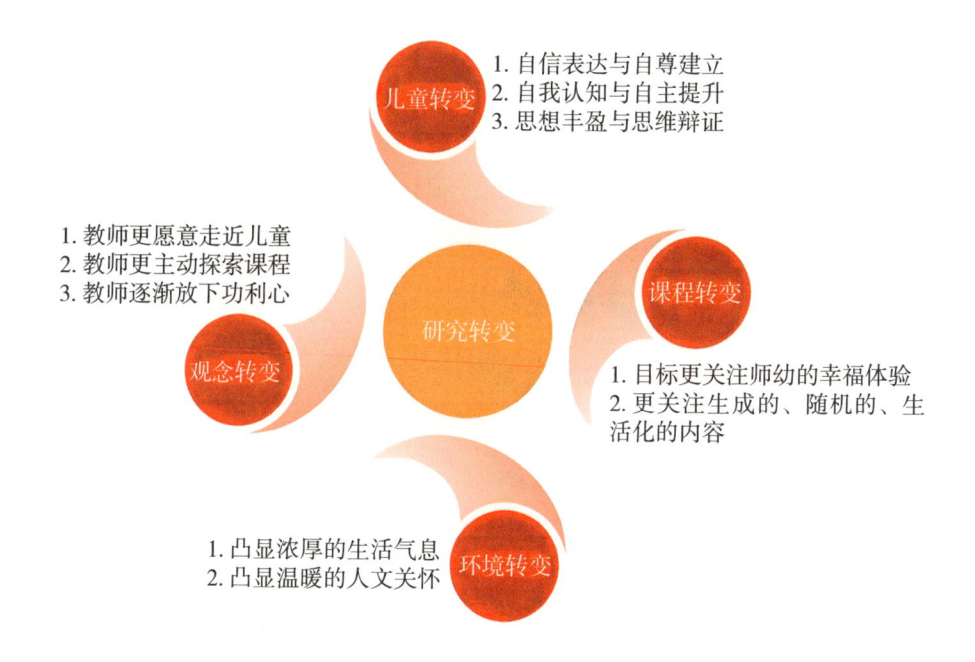

儿童转变
1. 自信表达与自尊建立
2. 自我认知与自主提升
3. 思想丰盈与思维辩证

观念转变
1. 教师更愿意走近儿童
2. 教师更主动探索课程
3. 教师逐渐放下功利心

课程转变
1. 目标更关注师幼的幸福体验
2. 更关注生成的、随机的、生活化的内容

环境转变
1. 凸显浓厚的生活气息
2. 凸显温暖的人文关怀

研究转变

一、儿童的发展

1. 闲聊关系趋于融洽，促进了儿童的自信表达与自尊建立。

在以往的师幼互动中，教师在实质上的权威感与高控性似乎与理念上的平等与公平形成了一定的反差。基于课题的实践研究，师幼关系开始从形式上的平等逐渐走向了本质上的平等，师幼闲聊的过程也逐渐从控制的、单向的转向开放的、双向的，儿童在教师的积极回应、支持认可下有更多机会运用语言表达自己的想法，变得更想说、更爱说、更能说，从而越发自主、自然、自尊、自信地表达自己的想法。

2. 闲聊内容回归本真，提升了儿童的自我认知与自我效能。

在幼儿园里，教师往往会针对"某一主题""问题事件"或"特定行为"与儿童进行闲聊，将自己的教育目标强加到儿童身上，并未深入儿童的内心，理解儿童的闲聊需求与情感需要。在课题研究的带动下，教师在一日生活里能够积极察觉儿童多方面的内心需求，发现儿童的兴趣，以悦纳之心和儿童共聊，使儿童感到自己的想法被尊重、被重视；教师能为其架起尊重与理解、关爱与支持的发展桥梁，以积极情绪激励儿童自主提升，使得儿童对"我是"和"我能"有了积极、自信的判断。

3. 闲聊互动走向深刻，提升儿童思想活跃度，加强思维辩证能力。

在闲聊互动中，要避免"应声虫"式的师幼互动模式，即教师以直接明了、成人式的思维进行应答，弱化了儿童的求知欲和想象力，阻碍了儿童提高独立辩证思考的能力。在本研究中，教师逐渐学会抓住教育契机，开展推进性对话，巧妙地将问题的"球"抛给儿童，通过反问、追问等互动形式，自然地生成新的问题，反复循环，极大激发儿童的创造性思维，拓展了儿童的思维领域和辩证能力。

二、教师的成长

1. 教师更愿意走近儿童，建立了对儿童世界的积极认知。

以往的幼儿园生活中，教师很少在闲暇时间愿意主动地走近儿童，探知儿童内心的所想、所思与所感，基于这样的互动现状，教师对儿童的认识也就此局限在《3—6儿童学习与发展指南》或《幼儿园教育指导纲要》中对儿童行为特点的表述上。随着课题实践的逐步深入，教师逐渐从与幼儿闲聊的点滴生活中看到了儿童对于这个世界、对于周围生活中的人与事竟有着如此敏感的捕捉力、如此朴素的感受力、如此多元的思考力，这些点滴的幸福足以让老师为之震惊、为之感动。也正是这些点滴逐渐让老师变被动为主动，愿意走向儿童、走近儿童，并以积极的心态去看待儿童。

2. 教师更主动地探索课程，提高了课程支持的适宜性与灵活性。

在课题研究的进展过程中，教师无形中发现原来闲聊不仅可以激发出一些有趣的课程内容，更能够在课程实施的过程中起到重要的推动作用，这在一定程度上打破了教师对课程的固有认识。基于这样的认识转变，教师不再在课程中做全面预设，而是更积极地捕捉幼儿的闲聊时刻，更主动地与幼儿交流互动，不断以幼儿喜欢的、能够接受的并且有挑战性的、有意义的、灵活的活动来支持课程的持续推进，从而促进幼儿的发展能够真实且自然地发生。

3. 教师逐渐放下功利心，深化了师幼在园生活的情感联结。

对于教师而言，每当想起幼儿园生活，可能大家更多地就会联想到课程，似乎自己和幼儿间的一言一行都要服务于课程建构的外显性要求，这种刻板的印象越发加重了教师教育的功利心，进而使得幼儿和教师在园生活的体验感大打折扣。但在关于幼儿园师幼闲聊的课题研究中，我们重新思考师幼间的关系，思考幼儿园课程下的人、内容、活动这三者的关系，思考幼儿园教育如何才能达成师幼共生的幸福……正是在这一次次的行动实践与深刻反思中，教师初步看到了幼儿在园生活自如、自在的样态，由此更愿意放下工作中的杂念，投入地、放松地和儿童一起畅聊、一起欢笑、一起惊喜、一起困顿……而这些共同经历的温暖、美好与伤感，都将成为师幼在园幸福生活的重要的情感基石。

三、课程的转变

1.课程观念：更加倾向将课程建设指向师幼双方幸福感的获得与提升。

在以往的课程观念中，幼儿园课程应当是一个又一个外显性活动的总和，这些活动多服务于幼儿知识、技能的获得，多彰显着教师的智慧与独特设计，在系统的、丰富的乃至看似完美的课程体系下，幼儿的情感体验、心理成长以及教师的心路建设并未受到充分的关注与重视。通过对于师幼闲聊价值及其实现途径的持续探索，我们越发感受到作为课程实践主体双方的幼儿与教师的课程体验感的深刻作用与影响，我们逐渐意识到只有让幼儿与教师感受到幸福与温暖的课程才是真正有生活味的课程，才得以在师幼共同成长的道路上留下深刻的印记，最终实现师幼双方人格的健康与完整。

2.课程实施：更加关注生成的、随机的、生活化的课程实践。

在关于师幼闲聊的课程探索中，由于闲聊发生的随机性，教师不得不在关注计划中固有的教学内容的同时，走近幼儿，捕捉随机生成的话题以及跟踪持续开展的闲聊。在一次次的追随与陪伴下，这些原本随机、偶发的闲聊很多都成为意义深刻的课程实践，这是很让人意外与惊喜的。由此，教师在课程实施的过程中，不再将自己禁锢于预设的、固定的课程内容，转而更加积极地思考幼儿每一次闲聊、每一次探索、每一次发现背后的教育价值，不断尝试生成的、随机的、生活化的课程实践，让课程真正地来源于幼儿自己本身，且服务于幼儿的生活与成长。

四、环境的优化

1. 闲聊情境更为真实、私密，环境凸显浓厚的生活气息。

对于教师而言，教师往往会站在成人的立场进行环境创设，远离儿童的生活场景与经验，使闲聊情境走向刻板化。在研究的不断深入下，我们充分利用幼儿园室内、外空间和功能，营造真实的、私密的闲聊情境，满足幼儿不被外界打扰的愿望，真正做到放松自我，唤醒师幼积极的闲聊情绪和感受，松弛幼儿的内心，使得幼儿获得安全感与私密感。

2. 闲聊氛围更为自主、轻松，环境凸显温暖的人文关怀。

在闲聊环境创设中，教师有时会忽视幼儿的个性特点与实际需求，导致部分幼儿在环境中感到限制、压抑。如今，教师逐渐开始思考、关注不同年龄阶段儿童的需要，内心时刻秉持与儿童成为玩伴的心，以积极的状态面对儿童，为儿童营造开放、自主的闲聊氛围，将环境创设与儿童的情感体验相结合，凸显浓郁的、温暖的人文关怀。

第二章　师幼闲聊的实践策略

　　闲聊作为幼儿在园的活动形式之一，并非独立存在，它与幼儿在园的生活、学习与游戏之间都有着直接或间接的作用关系。因此，在积极探寻幼儿园师幼闲聊价值的基础上，我们通过教育实践、专题研讨和共同体学习等途径逐渐探索出如何以闲聊引发学习，如何以闲聊推进游戏，如何以闲聊助力生活这三方面的实践策略，从而不断帮助师幼间的闲聊得以真正落地，真正成为园本课程的构成内容，并不断拓展幼儿情感、语言、社会等各方面能力的发展。

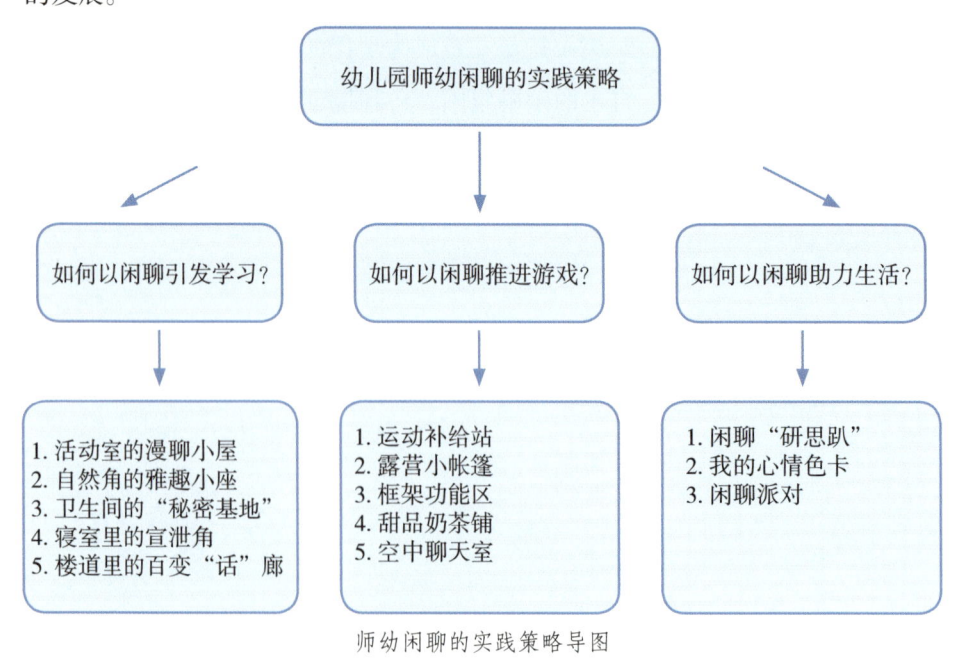

```
                  幼儿园师幼闲聊的实践策略
        ┌─────────────────┼─────────────────┐
   如何以闲聊引发学习？   如何以闲聊推进游戏？   如何以闲聊助力生活？
   1. 活动室的漫聊小屋    1. 运动补给站         1. 闲聊"研思趴"
   2. 自然角的雅趣小座    2. 露营小帐篷         2. 我的心情色卡
   3. 卫生间的"秘密基地"  3. 框架功能区         3. 闲聊派对
   4. 寝室里的宣泄角      4. 甜品奶茶铺
   5. 楼道里的百变"话"廊  5. 空中聊天室
```

师幼闲聊的实践策略导图

第一节　如何以闲聊引发学习

　　从表象来看，师幼间的闲聊与幼儿学习之间并不存在必然性的关联，但基于师幼互动的现实情况，教师的确发现闲聊中存在幼儿进一步思考与学习的契机。基于此，我们利用师幼闲聊频发的时间与空间，创设了活动室的漫聊小屋、自然角的雅趣小座、卫生间的"秘密基地"、寝室里的宣泄角以及楼道里的百变"话"廊，希望能够在带动幼儿间以及师幼间的闲聊的基础上引发师幼双方的学习与发展。

活动室的漫聊小屋

智慧缘起：

　　中班、大班的幼儿交往比较频繁，聊天成为了幼儿结交朋友、宣泄情感的重要方式。可是，幼儿间的闲聊话题常常因活动的开展被中断，开怀畅聊常常被同伴认为是打扰，小秘密常常无处与亲密的伙伴诉说……基于幼儿的聊天愿望及闲聊需求，我们创设了漫聊小屋，在这里，幼儿可以在更充分的时间与更从容的环境下和同伴分享生活中的喜怒哀乐。

策略说明：

　　1. 场所选设：班级活动室区域一角。

　　2. 材料准备：小帐篷、点心、抱枕、玩偶、星星灯、花篮、小桌子、小椅子、地垫、小台灯、配有小锁头的信箱（存放着不同人、事、物标题的卡片）、绿植小树、照相机、录音笔、"今日份开心"小挂饰、笔和便笺纸等。

　　3. 适合对象：小、中、大班喜欢闲聊或性格内向的幼儿。

　　4. 策略使用：

　　漫聊小屋是班级区域的一角，幼儿可以每日通过登记预约进入小屋的时间，并以翻转挂牌的方式避免他人的打扰。在温馨舒适、私密安全的小帐篷中，大家一边品尝可口的点心，一边和朋友诉说着他们的秘密，这些秘密都会被画下来，保存在"专属秘密"信箱；节假日后来园，幼儿也时常分享着近期和家人的游玩经历,交到的新朋友,看过的动画片等,这份闲聊与交往的美好都会被大家用相机拍摄下来或用便笺纸记录下来,并展示在"今日份开心"的小树上。当幼儿想来小屋却不知要聊些什么时,他们会主动借助"话题盲盒"进行辅助,大家根据抽取到的话题卡片(如"我和我的好朋友""一次有趣的经历"等)自由交谈,同样感受着交往与表达的快乐;当有些幼儿心情不好,不太愿意表达与沟通时,他们也会来到小屋,在这里与发泄玩偶互动,将自己的不开心与烦闷通过"烦恼消除笔"(录音)输出与释放。每个幼儿的录音对教师而言都是独特的信号,教师通过这种途径也能更直观、细微地看到不同幼儿的情绪变化与心理需求。

漫聊小屋环境创设全景

幼儿与同伴抽取话题盲盒

幼儿用绘画的方式记录开心的事情

幼儿与同伴分享着"今日份开心"

自然角的雅趣小座

智慧缘起：

班级的自然角总是幼儿闲暇时的聚集地，在这里，幼儿总是和教师、同伴聊着自然角中植物生长的变化，小动物某个有趣的互动瞬间……可是幼儿经常因自然角环境的限制而产生争执："老师，他占了我的地方""老师，我也想说""该我说了"。闲聊的幼儿和观察探究的幼儿混在一处，相互干扰着、相互争吵着。与此同时，尽管幼儿在自然角中经常有各种各样的发现，但这些发现夹杂着的闲聊总是零散的、转瞬即逝的，部分有价值、值得深入探究的话题无法得到持续的探索、思考与学习。

策略说明：

1. 场所选设：班级活动室自然角内相对宽敞的位置。

2. 材料准备：遮阳伞、折叠椅、幼儿喜欢的动植物（如仓鼠、鱼、芦丁鸡、兔子、鹦鹉、鸽子、番茄苗、豌豆藤等）、饲养动物的温馨小房子、喂养工具与食物、种植工具、《大自然　我知道》图册、笔记本、小石子、藤编花篮、录音笔、画板、小黑板、粉笔等。

3. 适合对象：小、中、大班幼儿。

4. 策略使用：

雅趣小座拥有自然角中最佳的观赏角度，因此大家非常喜欢三三两两地聚集而坐，谈论着自己惊奇的发现和困惑的问题。面对年龄较小或自然知识储备相对薄弱的幼儿，教师会和幼儿共同翻阅或是鼓励幼儿自主结伴翻阅《大自然　我知道》图册，不断丰富自己对自然角内种植（或饲养）的自然物的认知，从而帮助自己扩展相关的闲聊内容。基于幼儿在自然角中不同阶段的发现与探究内容，老师还会通过"热门话题"板块展示，鼓励孩子将自己关于热门话题的发现（如话题"你觉得谁是鹌鹑妈妈？""怎么帮助仓鼠减肥？"）用"自然笔记"（涂鸦、符号）或"大自然的录音笔"（录音）的方式

23

进行记录，幼儿通过自主翻阅笔记本或听录音，学会从不同角度思考问题，也锻炼了科学思维。

　　自然角里的雅趣小座对幼儿来说，不仅仅是自然探究空间的重塑与拓展，更是自然情致与生活情致的进一步升华。通过闲聊小座的创设，教师可以保留幼儿在自然角中的探索路径，同时更充分地倾听幼儿的发现与想法，并为自然角活动的进一步深入奠定基础。

孩子们在鱼池旁的小座中聊着自己的发现　　老师和孩子在芦丁鸡笼前的小座中闲聊

卫生间的"秘密基地"

智慧缘起：

　　对于幼儿来说，一日生活中的各环节都在教师的视野之内，而卫生间作为短暂离开教师视线的"后台生活"场所，氛围更自由随意，他们可以随意地嬉笑、打闹、吹牛、说悄悄话，研究水池里的泡泡和冲水马桶的运转……在厕所里，幼儿能体验到一种自由、放松带来的乐趣，而厕所也成了他们无话不谈的"秘密基地"。

策略说明：

　　1. 场所选设：班级卫生间。

　　2. 材料准备：正确如厕的步骤图、"便便的秘密"和"尿尿与喝水"示意图、小门帘、镜子等。

3.适合对象：小、中、大班幼儿。

4.策略使用：

顺应幼儿在卫生间里的聊天兴趣，教师除了在墙上张贴正确如厕的步骤图，还悬挂"便便的秘密"和"尿尿与喝水"示意图，引导幼儿在如厕时能够根据自己的排便情况，自查饮食是否健康。有了提示图，幼儿总是会相互聊着自己今天吃了什么，喝了多少水，好朋友之间还会相互提出合宜的健康小建议。当幼儿想带着自己的好朋友上厕所却不想被他人打扰时，他们可以来到卫生间中的"好朋友秘密区"，拉上小门帘，这样就可以拥有和好朋友在一起的秘密空间啦！有些幼儿特别喜欢在排队洗手的过程中照镜子、做鬼脸、聊天，于是，洗手池上方的镜子便成了一面"魔法镜"。大家把自己关于便便、细菌、洗手等疑惑以绘画或文字的形式记录在镜子上，大家在排队的同时一边做各种搞怪的表情，与镜子中的自己对话，一边聊着自己了解到的健康小知识。

卫生间环境创设全景

幼儿和同伴在秘密区聊天

幼儿和同伴聊着自己的便便形态

寝室里的宣泄角

智慧缘起：

班级内的寝室不仅是幼儿用于午睡的休憩地，也是幼儿带着自己的三两好朋友说悄悄话、宣泄难过情绪的地方。寝室安静、舒适、温暖、有安全感，在这样的空间里，幼儿能更从容地、更大胆、更放心地说出自己的心里话。基于幼儿对寝室的特殊依赖与需要，教师和幼儿共同创设了一处宣泄角，在这里，幼儿可以全然袒露内心、表达情绪、舒缓焦虑并学习相应的知识技能与方法。

策略说明：

1. 场所选设：寝室里的小角落。

2. 材料准备：柔软的地毯、懒人沙发、抱枕、玩偶、小花、雕塑、音乐播放器、录音笔、画本、彩笔、捏捏乐、小沙袋、尖叫发泄壶、绘本（《野兽国》《想哭的时候》《生气也没关系》）、情绪小便签等。

3. 适合对象：情绪低落、生气的幼儿。

4. 策略使用：

寝室的宣泄角是幼儿倾诉、宣泄与调节情绪的私密空间。当幼儿遇到不开心的事情、只想自己独处时，可以在宣泄角中使用发泄捏捏乐、锤锤小沙袋，冲着发泄壶尖叫或者把自己的烦恼事说给"烦恼回音墙"（录音设备）听等，他们可以在这里尽情哭、尽情说、尽情动；当幼儿难过、想要跟自己的朋友在一起时，就可以带着自己的好朋友来到这里，说说心里话，看看绘本，用绘本

幼儿记录让心情变好的小妙招

来转移自己的消极情绪。宣泄角还创设了一块"好心情小妙招"的墙面，上面记录着幼儿平时收集到的一些保持好心情的方法，幼儿可以和自己的朋友看一看、聊一聊，一起学习这些小妙招。

寝室里的宣泄角不仅是幼儿遇到挫折、焦虑烦恼、疲惫时的一方小天地，更是幼儿观照自我内心、学习心情调节方式的重要途径。在这里，幼儿用闲聊消除烦恼，用闲聊治愈内心，用闲聊塑造更开朗、快乐的自己。

幼儿和同伴在帐篷里阅读　　　　　　幼儿在墙面上分享自己的小妙招

楼道里的百变"话"廊

智慧缘起：

走廊作为幼儿园建筑中常见的公共空间，幼儿每天在其中穿梭、嬉戏，与此同时，走廊的环境也引起了幼儿的好奇心："老师，走廊那幅画上面的人怎么一直在看我呀！""墙上的镜子好奇怪，我的脸为什么变成圆圆的？""这个灯好神奇，我一摸就亮了。"当走廊会"说话"，幼儿闲聊的话题也随之而来，走廊变成了"话"廊，也成为了孩子们特有的社交空间。

策略说明：

1. 场所选设：走廊或者楼道相对宽敞的位置。

2. 材料准备：互动区（触摸盒、哈哈镜、触摸灯、磁性拼图、投影墙、翻转墙、抽拉墙、触摸墙、视听墙）、艺术欣赏区（电子屏、画框、相框、幼儿艺术作品、画册、画板、液体粉笔、磁性板）。

3. 适合对象：小、中、大班幼儿。

4. 策略使用：

小班的幼儿对周围环境充满好奇，走廊中互动区的触摸墙和视听墙，吸引着他们玩耍、探索、讨论。"我摸到了狮子的毛了，毛茸茸的。""鳄鱼的皮粗粗的！""哞，我知道这是小牛的声音！""这肯定是一只老山羊了，哈哈哈哈哈哈！"在触摸墙和视听墙的吸引下，小班幼儿争相模仿，在简单的一言一语、一问一答中开始了与同伴、老师的闲聊。楼道的哈哈镜互动区深受中、大班幼儿的喜欢，随着姿势的改变，镜中的人像也渐渐发生了变化，"我的嘴巴变得好大好大。""你看，我这样变成长臂怪兽啦！""为什么角度不同，镜子中的我也长得不同呢？""我知道我知道！"……嬉闹之间，幼儿们展开了关于"镜子大探秘"的话题聊天。楼道中的艺术欣赏区，展示着艺术大师与孩子的作品，让小小的空间变得灵动起来。"这幅画好神奇，一直盯着我看。"利用多维空间视错觉效果，将画变得更加有趣，如此，幼儿的积极性、主动性也被唤醒。艺术欣赏区旁的画板与画笔，可供幼儿自由绘画，他们边画边聊，在动手创造优美环境的过程中，体验了成功的快乐，增强了彼此间的交往，增进了情感的交流。

一个美好的廊道环境，可使幼儿得到更好的发展。走廊，有其尽头，孩子，想象无边，智慧与创造充满廊道。

理念与策略

老师和孩子聊着小熊肚子的秘密

老师和孩子一起探索并模仿声音

幼儿和同伴聊着自己在哈哈镜中的变化

第二节　如何以闲聊推进游戏

在幼儿游戏的过程中,闲聊是经常发生的,但是教师能否真正听到、听懂幼儿闲聊背后的需求,这才是最为关键的。在闲聊当中,幼儿往往能够流露出最真实、最质朴的游戏愿望,而教师要做的就是将幼儿的游戏愿望落地,并提出建议。为此,我们创设了运动补给站、露营小帐篷、框架功能区、甜品奶茶铺、空中聊天室,为教师与幼儿在游戏中的闲聊留出时间与空间,以助力幼儿的游戏不断走向深入。

29

运动补给站

智慧缘起：

每一次的足球运动后，幼儿通常都会来到操场的高山榕树下休息，可不少幼儿休息时总是抱怨："运动累了都没有一个休闲的地方给我们休息一下！""对呀对呀，口渴了也没有办法喝水。"……这促使着教师和幼儿一起寻找运动后的栖息点，于是，大家心心念念的"运动补给站"就诞生了，这让孩子们更加肆意地去享受运动的快乐时光！

策略说明：

1. 场所选设：幼儿园操场一侧的玻璃房。

2. 材料准备：补给站规则展示板、饮水桶、一次性杯子、医药箱、纸巾、驱蚊液、移动椅子、垃圾桶、抹布等。

3. 适合对象：中、大班幼儿。

4. 策略使用：

在运动补给站的规划中，幼儿事先通过调查统计，罗列出补给站需要添置的物品，并共同收集补给站中所需的物品，将补给站创设成功。

在运动补给站中，"运动健将们"会在中场休息时坐在长凳上一边回顾赛事实况，一边商量着赛事的谋略，如"奥特队最喜欢把球往球场的边缘踢，我们在这个地方得有一位球员来截球""你们觉得我们应该怎样更加容易地进球"等。补给站中的"足球小明星""赛事心愿墙"展板也为足球场上观战的观众及啦啦队员们提供了畅聊话题，他们会结伴在这里聊聊自己喜欢的足球明星，还会将自己对足球运动员的美好祝福绘画下来，粘贴在"赛事心愿墙"上。

在运动补给站中，幼儿能够自由畅聊，同时还会带动同伴积极参与到交流、发现、讨论与解决问题中，幼儿始终是活动的主体，教师通过在补给站驻足倾听，了解"赛事心愿墙"上幼儿的心声，掌握幼儿们关于足球赛事的

理念与策略

游戏进展,从而有效地助推幼儿足球游戏的发展。

幼儿和同伴聊着自己喜欢的足球运动员 　　老师和孩子聊着喜欢的足球明星

幼儿记录赛事心愿

露营小帐篷

智慧缘起:

露营是时下幼儿最喜欢的休闲方式之一,而在幼儿园的户外环境中,散发着幽幽清香的草地、回响着喳喳鸟鸣的树下自然也是幼儿和教师闲暇聊天的好地方。跟随游戏与畅聊的脚步,教师和幼儿在精灵花园旁设置了一个露

31

营小帐篷，幼儿在自主游戏、自由散步时段都可以来到这里，享受在大自然中聊天的畅快与美好。

策略说明：

1. 场所选设：草地上较为宽敞的空地。

2. 材料准备：防晒天幕、折叠桌椅、推拉箱、野餐垫、小茶杯、小茶壶、小石子、树叶、花、藤编花篮、幼儿游戏相册集、趣聊游戏牌、水果、纸、笔等。

3. 适合对象：小、中、大班性格外向的幼儿。

4. 策略使用：

当幼儿在户外散步或者游戏时累了，想跟教师、小伙伴一起聊天时，他们就可以来到小帐篷里，一边品味着花果茶，一边与同伴翻开游戏相册中的"幸福瞬间"，聊着自己的游戏趣事和野营经历。聊天室还为大家准备了小石子、小松果、小树叶、干花等自然物，大家在聊天之余，还经常玩起抓石子、串松果等小游戏。玩趣聊游戏牌也是聊天室内备受欢迎的内容之一，当幼儿不知道如何拓展话题时，可以通过翻牌互动的方式，让自己能够找到聊天的话题，更加轻松自如。

户外草坪上的露营小帐篷　　老师跟孩子们围坐在野餐垫上热聊

露营小帐篷的创设属于幼儿的户外自主游戏，它不仅是户外游戏环境的重要组成，更是幼儿闲聊生活与游戏充分结合的体现，它让孩子在亲近自然、自主游戏的同时通过闲聊的方式表达游戏中的想法，分享游戏中的快乐与烦恼，使得游戏不断服务于幼儿的在园生活。

框架功能区

智慧缘起：

建构游戏一直都是幼儿最喜欢的游戏之一，他们在户外建构区中想象并搭建着各种富有创意的造型，但在小组或个别幼儿之间互动时，幼儿又总是会出现互相干扰、相互模仿的现象，同时也可能产生分歧："老师，他都不按照我们商量的方式来做""老师，他们没有按照设计图搭建"……为了让幼儿在建构游戏中能够更加自主地进行计划、合作与建构，"框架功能区"便应运而生了。

策略说明：

1. 场所选设：操场一侧，放置用铁制成的各种镂空框架。

2. 材料准备：现成的空钢架、手套、铁桶、红砖块、长木板、屋顶小瓦片、小推车、安全帽、记录本、勾线笔、长尺、卷尺等；足球圆桌、足球圆椅；展示牌、画板、图画纸、彩色水笔等。

3. 适合对象：中、大班幼儿。

4. 策略使用：

框架功能区中的"创意空间站"展示着不同风格的建筑图片、立体结构的实物、模型等，幼儿在这里欣赏着自己喜欢的建筑，与同伴聊着自己见过的建筑，并共同商量着自己想要搭建的造型。创意空间站内还提供各种颜色的彩笔与绘图纸，幼儿可以一边想象，一边将脑海中的造型记录下来。面对搭建中出现的难题，如"我们怎样改造才能让围墙不易倒""屋顶漏雨时应该怎样进行修缮"等，幼儿可以通过在框架功能区中的"喋喋畅想屋"中与同伴一起梳理建构经验，与教师共同商量解决问题的方案。框架功能区中的"分享时光站"也是备受幼儿欢迎的地方，在这里，大家可以自由参观、欣赏同伴的作品，而同伴的肯定与接纳，也让幼儿获得了自信与成就感。

框架功能区让幼儿在建构游戏中大胆想象、交流、创造，学会分享与合作，体验成功与挫折，不断提升合作能力、表达能力与交往能力。

框架功能区创设全景

幼儿在畅想屋聊着自己的设计

幼儿一边建构一边闲聊

甜品奶茶铺

智慧缘起：

幼儿的户外游戏热闹而欢乐，他们有时在足球赛场上欢呼加油，有时在"文创园"设计售卖，有时做饮品的"推销服务"……在忙碌充实的游戏活动中，幼儿同样渴望有一块可以放松休息、闲暇聊天的地方。于是，在幼儿和教师的创想和布置下,"甜品奶茶铺"应运而生。甜品奶茶铺设置在奶茶铺后的一块独立的场地中,幼儿在这里悬挂了许多小灯串,再加上场地的后侧有许多因势生长的大树,这让置身其中的幼儿好像来到了自然而美妙的萤火虫世界里。

策略说明:

1. 场所选设:奶茶铺后侧空地。

2. 材料准备:遮阳伞、小圆桌、椅子、饮品、手拍、话筒、串灯、绿植。

3. 适合对象:中、大班幼儿。

4. 策略使用:

甜品奶茶铺里摆放了许多小圆桌和椅子,这些桌椅不是随意摆放,而是两人一桌或三人一桌,每张桌子之间相隔一米左右的距离,为幼儿间的闲聊留出一定的私密性。幼儿在游戏的过程中经常会在奶茶铺点一杯饮品,然后闲适地坐在这里,一边听着轻柔的音乐,一边和同伴诉说着自己的心情,或讲述一天内发生的故事,或交流着当下游戏的开心与困惑。在这里聊天是自由且自在的,大家不需要受到任何话题的牵引。待聊得尽兴或疲乏时,幼儿还可以点歌或驻唱,享受在这"慢"时光里的温柔与浪漫。在热闹的户外游

悬挂了许多小灯串的奶茶铺

孩子们正边听音乐边与教师自如地漫聊

戏场地中，甜品奶茶铺就像是另一个世界，让幼儿的身体得以休憩，让幼儿的想象得以抒发，让幼儿的心灵得以饱满，以不断奔赴游戏中更好的自己！

空中聊天室

智慧缘起：

一到小花园游戏时间，有的幼儿"过家家"，有的幼儿"打野战"，有的幼儿玩起医院角色扮演……开放而多彩的自然环境为幼儿提供了表现自我、游戏互动的平台，但与此同时，热闹的小花园也让在游戏中出现疲劳、遇到情绪问题或者想说悄悄话的幼儿感到无所适从。直到几个幼儿无意间爬上了二楼的小树屋，那里是一个非常隐秘的空间，三面是木墙，一面是块状彩色玻璃墙，透过玻璃，静谧的蓝天与美丽的风景尽收眼底……

策略说明：

1. 场所选设：树屋二层的阁楼。

2. 材料准备：小椅子、图书、自然笔记本、树叶、花、野果、篮子、录音笔、小黑板、便利贴、铅笔、粉笔、扇子、坐垫等。

3. 适合对象：小、中、大班幼儿。

4. 策略使用：

空中聊天室是小花园游戏区中最隐蔽的地方，也是幼儿另一个游戏小天地。幼儿有时三两个席地而坐，或窃窃私语，或"高谈阔论"，有时会用自然物"过家家"，边玩小游戏边聊天，他们自己创设的游戏情景正是他们喜欢的、舒适的环境。舒适的环境让幼儿身心放松，教师从这也能清楚地了解幼儿的想法。

小班幼儿会在玩玩具时自言自语，偶尔也和伙伴聊天，在闲聊中不经意地与其他幼儿一起游戏了起来，从中体会到交往的乐趣，也体验到游戏的快乐。大班幼儿有时会来空中聊天室玩耍、说新闻，有时会秘密聊天。男孩喜欢谈论野战游戏中对战的策略，有的会把聊出来的游戏经验或作战计划画下来，女孩喜欢聊生活、与朋友交往等，孩子们边聊边玩游戏，不开心的时候也会来到这儿通过聊天的方式调整情绪。

空中聊天室对幼儿来说，不仅提供了自主游戏的场所，更是情感表达、情绪释放的空间，它也让孩子的交往能力、解决问题能力有了进一步提升。与此同时，通过空中闲聊室的创设，教师可以更充分地倾听幼儿游戏中的心声，洞察孩子的内心需求，也了解幼儿在游戏中的水平和快乐体验程度。

幼儿在聊天室中做四果汤并分享　　　　幼儿在聊天室中谈论着自己的"秘密作战"计划

第三节　如何以闲聊助力生活

在园生活中，师幼间的闲聊最经常发生，通过闲聊，幼儿能够不断地观照自己的生活状态，学习更加积极、更加阳光地面对生活。我们创设了闲聊"研思趴"、我的心情色卡、闲聊派对等活动，不断将师幼闲聊与教师的生活、幼儿的生活进行关联，同时引导教师用长远的、宏观的眼光与态度去看待幼儿在生活中发生的一切，在此基础上给予幼儿积极的、正面的支持与引导。

闲聊"研思趴"

智慧缘起：

幼儿园师幼闲聊对教师职业幸福体验同样产生着重要影响。我们发现，当沿用传统的、正式的、常规的教研方式去再现师幼"闲聊"的过程、情境、分析时，很多教师倍感压力，害怕因自己的互动方式生硬、错误而受到他人的质疑。基于此，我们以闲聊"研思趴"替代原有的教研方式，减轻教师的压力与束缚。

策略说明：

1. 场所选设：教师办公室、茶水室等。

2. 材料准备：水果、茶点、闲聊案例本文。

3. 适合对象：青年教师、骨干教师。

4. 策略使用：

在轻松愉快的闲聊"研思趴"中，教师可根据自身的年龄或所教幼儿的年龄段自由组队，大家放松日常紧张忙碌的情绪，一边品尝着水果茶点，一边尽情地回味与孩子闲聊的童言稚语与温情时刻。"研思趴"上的分享并非强制的任务要求，但必须源自幼儿真实的生活，并且抒发教师的真情实感。每个小组在分享后都会形成该阶段师幼"闲聊"的主要困惑点或思考，以此为基础再借助集体教研的方式抛出问题、集中讨论、最终解决。

在"散聊聚研"的模式下，既激发了青年教师勇于分享"闲聊"的勇气与自信，又帮助教师迅速地发现并解决"闲聊"中的互动问题，提高了课题研究的参与性、互动性与有效性。

教师分小组谈论闲聊的问题　　　　　　教师自由结对交流经验

我的心情色卡

智慧缘起：

幼儿的心情对师幼闲聊的情感走向与内容呈现有着十分重要的作用。对于小班的幼儿而言，他们喜欢和老师在一起聊天，也喜欢和老师亲一亲、抱一抱，以建立起亲密、温暖的师幼情感。可是，面对表达能力相对较弱的小班幼儿，该怎样洞察到他们敏感、细腻的情感变化，并有针对地进行互动与交流呢？借助小班幼儿对色感敏锐的感知力，老师在班级的门口创设了"我的心情色卡"互动墙面。

策略说明：

1. 场所选设：班级门口或活动室内空白墙面。

2. 材料准备：不同颜色的心情色卡、短吸管、蛋托、点数卡片、幼儿照片、折叠桌椅、温馨的小桌布、小镜子、花、空白卡片、笔等。

3. 适合对象：小、中班幼儿或者性格内向的幼儿。

4. 策略使用：

互动墙面上有着所有幼儿的头像照片，照片旁是代表周一至周五每天的心情小圆圈。幼儿在一日生活中的各个环节都可以根据自己的心情选择并张贴相应颜色的心情卡（开心——粉色、平静——绿色、伤心——蓝色），借助

39

不同颜色心情卡的提示，教师可以直观地察觉到不同幼儿在不同时间段内的心情状态，特别是表达了伤心、难过、气愤等消极情绪的幼儿的状态。基于此，教师会对他们发出聊天邀请，如果幼儿接受邀请，教师会和孩子在相对私密的空间，比如寝室、娃娃家、小花园来聊一聊"今天为什么不开心""是不是发生了什么事情""怎么样才能让自己开心起来"，从而引导幼儿不断缓解、调节自己的消极情绪。待情绪好转后，幼儿可以自行更换心情卡的颜色。

通过"我的心情色卡"这一互动墙面的创设，低年龄段的幼儿更愿意、更主动地表达自己的情绪，而教师也能够更直接地了解幼儿日常的心情变化。"我的心情色卡"不仅仅拉近了教师和幼儿的距离，更进一步提高了幼儿对自我情绪的感知，提高了教师对幼儿情绪的捕捉力，为师幼在园的幸福生活奠定了基础。

设置在班级大门处的"我的心情色卡"　　　　幼儿自主选择心情色卡

教师正与选择蓝色心情卡片的幼儿漫聊

闲聊派对

智慧缘起：

随着班级幼儿彼此之间日渐熟络，他们总是迫不及待地与三两好友闲聊着自己生活中的发现和趣事。无论平时是活泼的幼儿还是内向的幼儿都喜欢聊天，要么"高谈阔论"，要么"窃窃私语"，总之，班上是一派热闹的景象。借此，教师和幼儿共同创设了"闲聊派对"，为幼儿开辟开放、自由的闲聊平台，不断满足幼儿想聊、爱聊的愿望。

策略说明：

1. 场地选设：户外活动区、空旷的草坪。

2. 材料准备：野餐垫、折叠椅、小桌子、小抱枕、帐篷、幸福瞬间相册、美食、笔记本、记号笔、儿童相机等。

3. 适合对象：小、中、大班幼儿。

4. 策略说明：

与日常短暂的"聊天小会"不同，教师会和幼儿一同寻找派对位置，并用美食、帐篷、小抱枕、小玩偶、小桌椅等布置闲聊派对现场，制作邀请书

>>> 和孩子们一起幸福地过日子：温暖的师幼闲聊

等，派对现场设有各种各样幼儿喜欢的游戏。比较内向的幼儿可以通过踩气球、找朋友等游戏缓和氛围、敞开心扉；派对中还设有"热聊榜"，幼儿可以用便签、记号笔、儿童相机等，记录自己的聊天内容以及精彩瞬间，而教师通过翻看"热聊榜"，可以追踪幼儿感兴趣的话题以及话题的进展程度，从中获得有价值的教育契机，进而推动幼儿将"畅聊"走向实践。喜欢闲聊的哥哥姐姐还可以参与到弟弟妹妹的闲聊派对中，"以大带小"，通过潜移默化的方式帮助小班、中班的幼儿丰富言语词汇，不断提升交流的能力与水平。

"闲聊派对"对幼儿来说，不仅是对周围生活的感知与表达，更是生活情趣的激发、生活态度的形成、生活能力的习得……幼儿自信地抒发自己，真诚地接纳他人，而这些在闲聊中收获的成长，都将更好地服务于自己的生活，从而助力幼儿成长为一个自信、有朝气的儿童。与此同时，教师在其中用心感受，从而发现那些我们认为普通又平凡的时刻，是幼儿们探索世界时慢慢成长的过程，以进一步走近儿童。

幼儿在闲聊派对上分享美食　　　　　　　闲聊派对上幼儿在游戏玩耍

课程故事

第三章　师幼闲聊的课程故事

鸽子遇难之后

故事缘起：

可爱的小鸽子伴随孩子们从小班升入中班，与孩子们朝夕相处，每天都能看见孩子们在自然角里围着小鸽子自在闲聊、趣味畅谈。

可这和谐的一幕，却被一场突如其来的意外打破！

一天早晨，我来到班级，远远地就发现鸽笼有些异样：提示牌倒在地上、鸽笼被挪开了、地上到处都是鸽毛。我奔到近前，着急地寻找着两只鸽子的身影，惊讶地发现：它们静静地躺在鸽笼里，已经被"谋杀"了。

故事一：是谁杀了鸽子？

谁是"凶手"？孩子们发现教室有监控，纷纷拉着我去调监控。可是那个角落正好在监控死角，我们查无所获，败兴而归。

一路上，孩子们都在讨论鸽子是怎么死的。之后就连吃饭、看书他们都在议论。一场关于鸽子死亡真相的闲聊在自然角的雅趣小座拉开了序幕：

我问孩子们："鸽子是怎么死的？"

孩子们都很激动："我来说，我来说！"

有个孩子说:"鸽子可能是晒死的。"

马上有人反对:"怎么可能,昨天还下雨呢。"

孩子们又开始七嘴八舌地抢着说。有的说:"可能是鸽子想飞出去,头被卡住,受伤,去世了。"

有的说:"它们是为了争抢一颗玉米,打架,受伤了。"

有的说:"会不会是自杀?"

我追问:"那自杀的话总有理由吧!"

顺着这个思路,有的孩子说:"可能是鸽子吃鸽粮吃太饱了,不舒服,所以想自杀。"

有的说:"鸽子被关太久了,飞不出去,所以不想活了。""这难道是抑郁了吗?"

诗好好像想到了什么,叫了起来:"是兔子吃了我们的鸽子,我看到它手上有血。"

我问她:"兔子一直是关在笼子里的呀!"

她说:"兔子可以咬完鸽子了,把自己再关起来,这样就没人发现它。"

好高明的作案手法呀!我被堵得"哑口无言"。

有孩子说:"大一、大二班的小朋友说野猫之前吃了他们的仓鼠和乌龟。"

于是,也有的孩子觉得:就是那只坏猫干的!

"会不会是兔子和野猫两个合谋,把鸽子杀害了?"有孩子问。

我问他们:"鸽子不会躲开吗?为什么要傻傻地让猫咬?"

"是野猫假装要去亲它,骗了它。"

"是野猫用盒子装了好吃的,诱惑鸽子。"

"它们本来是好朋友,突然吵架了,野猫就咬了鸽子。"

……

教师反思：

1.虽然大家查监控无果，但是大家自主破案的热情被激发了，为了顺应孩子们的心理需求，教师在自然角闲聊雅座上与幼儿自在畅聊，才生成了如此精彩的破案推理。

2.抛开成人的想法，依托平等与相互尊重的师幼关系，温暖与真诚的对话氛围（情意）助燃了孩子们的表达欲望，让孩子们能从不同角度分析鸽子的死因。

3.由于孩子们对动物食性的认知较为片面和粗浅，影响了他们对于"真凶"的正确推理和判断。刚开始孩子们的破案思路有些盲目，但教师依然耐心倾听。教师通过言语、非言语策略，对幼儿的语言、行为、积极回应，质疑提问（技法）引发幼儿思辨，在相互质疑中分析他人观点的合理性，逐渐排除环境、误杀、自相残杀、自杀等可能性。

故事二：真凶到底是谁？

真凶到底是兔子还是野猫呢？大家争来争去没有答案。我借机引导孩子们回家进行了"动物食性大调查"。

这一调查,把家长们也拉进了微信群闲聊空间"真凶是谁"的讨论中。有个家长说是黄鼠狼,这个说法得到其他家长的一致认同。

第二天,有位孩子带着一本《十万个为什么》到班级,一来就说:"老师,也有可能是黄鼠狼!书上说,黄鼠狼给鸡拜年没安好心,它对我们鸽子肯定也没安好心。"于是,孩子们不再认为凶手是兔子了,只在黄鼠狼和猫之间做选择。

教师反思:

1. 教师敏于观察幼儿的认知冲突,由此展开的调查行动效果显著。孩子们从本质上认识到:兔子作为草食性动物吃掉鸽子的可能性不大,食肉性动物更有可能吃掉我们的鸽子。

2. 原本孩子们怀疑野猫,家长们的参与,意料之外地在班级群里掀起"真凶是谁"的讨论。

3. 平等与信任的家园关系、温暖与真诚的闲聊氛围,家长们畅所欲言。"把黄鼠狼拉进了'嫌疑犯'的队伍"转变了大家的认知,拓宽了大家的认知视野,把破案推向又一个新高潮。

故事三：要不要惩罚真凶?

孩子们有的说是猫，有的说是黄鼠狼，谁都不相让。他们太想知道真凶是谁了。我灵光一闪：虽然鸽笼是监控死角，但是长长的走廊不是监控死角啊。于是，我们抱着一丝希望又去查看监控。发现周日晚上9时，突然有个身影一闪而过，我们赶紧倒回看，把视频播放速度放慢再放慢，果然有个灵巧的身影蹦蹦跳跳经过，凶手真的出现了！到底是谁？

孩子们大声尖叫："是猫！就是猫。"再也没有孩子说是黄鼠狼了。家长们在群里也说："这么灵巧的走步，可不就是猫。"大家达成了共识！破案了！

孩子们很愤怒，在活动室的漫聊小屋里，他们叉着腰说："这只坏猫，我要报警来抓你！"

我说："可是，小猫跑得可快了，要抓它没那么容易！我们来帮警察叔叔想想办法。"

诗妤：我们可以假扮成一个好心人，给猫吃的，然后抓住它！

幂妍：放一只鸽子在笼子里，等它来吃的时候，抓住它。

逸瑶：那样太危险了，鸽子又被咬了怎么办？放一只假鸟吸引它。

49

屹禾：做一个陷阱。

大部分孩子都恨不得马上把野猫处置了！子芃却小声嘀咕了一句，"野猫要是不吃鸽子，它自己就饿死了，怎么办？"孩子们顿时安静了。

"是呀，野猫为什么要来吃我们的鸽子呢？"

孩子们都说："它肚子太饿了！"

"它是一只流浪猫，没有主人给它吃的，它只能自己找吃的。"

……

教师反思：

1. 孩子们看着两只鸽子长大，对他们而言，鸽子已经是亲友般的存在。发现真凶，孩子们想为亲友报仇的情绪瞬间被点燃，教师理解孩子的情感，与他们共情，积极地倾听他们的愤怒，给予孩子情感支持的力量。

2. 子芃善良的嘀咕，教师的共情与理解引发了更多孩子们进行理性思考。他们进行换位思考，试着理解野猫为何吃掉鸽子，从而明白：动物捕食是自然界的客观规律。

故事四：笼子里再养什么？

连续几天鸽笼空空的，孩子们可不习惯了，一个劲地问我："老师，笼子里要不要再养些别的宠物？""可是养什么呢？"我问他们。孩子们议论纷纷，在卫生间（他们的"秘密基地"）里窃窃私语。

玮轩提议："再养几只鸽子吧！"

思瑶使劲摇头："我才不想再养鸽子了呢！"

玮轩问："这是为什么呀？"

50

思瑶说:"鸽子太笨了,我想养只聪明的宠物,就比如猫啊,猫就很聪明。"

雅趣小座里,孩子们继续同我闲聊。

有的孩子想养其他班的宠物,如乌龟、兔子、仓鼠、小鸡、鱼等。

其润脑洞大开,说:"我们养老虎吧!"

大家都反对。又有孩子提议,养穿山甲、养棘龙,养大象……也没有人赞成。

提议养大象的玥玥积极为自己的建议争取同盟,她说:"大象不能养,可以养小象呀!"

我把问题抛给了大家:"小象能养吗?"

大家被玥玥的坚持打动了,点头认可,并振振有词道:"小象就这么小,不会吃太多东西,也不会踩人。"

……

教师反思:

1. 教师能及时关注幼儿的情感变化,适时借助闲聊场所与幼儿展开闲聊,果不其然,出于对鸽子的感情,他们第一反应就想再养鸽子。

2. 出于从众心理,孩子们对幼儿园其他班的宠物趋之若鹜,但是孩子们并没有考虑我们班自然角有没有这样的饲养条件。

3. 在温暖真诚的对话氛围、共情理解的情感支持下,师幼间产生了高质量的闲聊,我们可以发现孩子们认为适合养在我们笼子里的动物有以下特征:安全、还未灭绝、非珍稀动物、装得下。由于年龄小、知识储备有限,孩子们对动物的大小、饲养环境和条件等认识存在误区。

故事五:哪些动物更适合养在笼子里?

孩子们说了那么多,到底哪些动物更适合养在我们的笼子里呢?我们开展了两次调查活动:

1.通过家园合作,调查"小象有多小?""野生动物住哪里?"

2.调查"幼儿园里养了哪些小动物?""它们分别住在哪?"

经过这一系列的调查,孩子们回到活动室的漫聊小屋,交流自己的发现。

帅飞说:"小象比我都高,笼子怎么可能装得下?"

子淇说:"鱼养在笼子里,水都漏光了怎么办?"

高榕说:"仓鼠和鹦鹉太小了,万一跑出来了怎么办?"

宥琪说:"那我们可以养小鸡呀,只要在笼子外面装个门帘就行了。"

玮轩说:"那我还是想养鸽子!"

好多人跟着附和:"我也是,我也是!"

苏辰说:"那我们把一楼的两只白色鸽子搬上来,我们就有鸽子了!"

看到想养鸽子的小朋友排了一长队而且大家都在讨论去哪里找鸽子,安琪可担心了,她眼中泪光闪闪地说:"求求你们,别养鸽子了,万一又被野猫谋杀了,怎么办?"

其他孩子们纷纷给她做起了"思想工作"。

有的说:"我们晚上守着鸽子,野猫就不敢来了!"

有的说:"可以在鸽笼上装上手电筒,鸽子就能看清野猫了!"

有的说:"可以放一个夹子,它来了就夹住它。"

有的说:"可以把鸽子放到教室里,野猫就进不来了。"

"不行,鸽子放教室会闷死的。"宥琪反对道。

大家又开始想办法。有的说:"我们把寝室的窗打开不就行了。"

有的说：“可以开空调呀！”

有的说：“要不给教室装个纱窗，猫就进不来了。”

……

教师反思：

1.经过家园两线合作后，教师继续积极倾听幼儿的想法，在闲聊中能窥见幼儿思维的巨大转变：知道每种动物都有自己适合居住的笼子，而我们的笼子适合养的动物还要有以下特点：不是水生的、跑不出去的、不会咬人的、不太会飞的。

2.教师敏于观察幼儿在闲聊中的情绪变化，积极倾听幼儿"不愿养鸽子"的心声，师幼、幼幼间相互共情、回应幼儿的担心与害怕，从而激起幼儿的安全意识、保护意识——孩子们的讨论，开始关注鸽子的安危，大家都想要保护鸽子，不愿让它再受伤害。

教师感悟：

故事小且寻常，但是我心里感触良多。鸽子意外死亡，教师积极创设闲聊环境、关注幼儿情感需求、适时回应幼儿真实表达的基础上，师幼间的自在畅聊得以跟随幼儿的兴趣循环往复、不断生发。幼儿开始认识到生命的脆弱，认识到小动物是我们朝夕相伴的朋友，我们有责任、有义务保护它、珍惜它，让它在我们的陪伴下健康快乐地成长。我欣喜地看到幼儿开始发自内心对于生命深度思考，也欣喜于一颗颗关爱动物、保护动物、尊重生命、敬畏生命的种子在每个幼儿心中悄然萌芽。

配送面包虫

故事起源：

为了给自然角里的八哥——小布丁增加营养，小朋友们饲养了一些面包虫。然而，意外发生了，小布丁突然离世了。为此，孩子们又伤心又发愁，一方面为小布丁的离去伤感，另一方面却是为面包虫发愁："面包虫是小布丁的口粮，没有了小布丁，养了面包虫给谁吃呢？"雅趣小座中，传出孩子们的阵阵闲聊。

"再买一只八哥吧！"

"我想直接养面包虫。"

"我也想养面包虫，养了面包虫可以送给中一班的鹦鹉吃。""对！对！对！大六班也养鹦鹉，也可以送去大六班。""中六班的鸽子应该也能吃。"……

故事一：调查中的小意外

孩子们的闲聊，我发现他们不仅喜欢养面包虫，还有分享面包虫的想法。这时，我加了话题："养面包虫可以送给幼儿园有需要的班级，这个想法很不错，那么哪几个班级需要我们的面包虫呢？"

孩子们想到了配送棒棒糖和红团的经验，他们觉得可以先来做个调查。

说干就干，孩子们带着调查表出发了，对幼儿园每个班级的自然角一一进行调查。他们一共调查了16个班级，发现一共有6种动物可以吃面包虫（公鸡、乌龟、鱼、鸽子、仓鼠和鹦鹉），争取到8个班级下了订单，

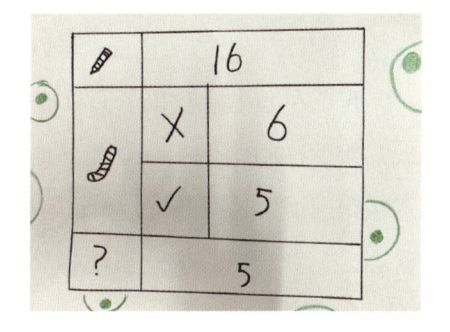

这些班级，最少订10条，最多订30条，有订活虫，也有订死虫。值得一提的是大二班的订单是孩子们费了好大的劲儿才拿下的。

原本大二班的老师一听到面包虫，就皱着眉头说："看着面包虫，我就害怕，我们不需要订单。"孩子们垂头丧气地回到班级，脸上没有了之前信心满满的笑容，乔一挠着脑袋一直在思考，他问我："我们的面包虫那么可爱，大二班的老师为什么还要拒绝呢？""是呀！我们查了资料，仓鼠是可以吃面包虫的，大一班也养仓鼠，都下了订单，大二班老师为什么不要呢？"逸恬也表示不理解。

看着孩子们的反应，我觉得他们是想要这个订单，并不希望被拒绝，我摸了摸逸恬的脑袋，微笑地问："这个订单我们要放弃吗？你们想不想再去争取一下呢？"

"我们还想试一试！"孩子们愿意再去尝试。

他们怀着忐忑的心情再次出发，我紧紧地跟在孩子们的后面，追踪事情的发展动向。

"老师，老师，仓鼠是可以吃面包虫，面包虫还可以给仓鼠增加营养。"乔一迫不及待地说。

"我们查了资料，面包虫营养丰富，对仓鼠身体有好处的，而且我们是免费配送的！"宇轩着急地补充道。

"不行，不行，看着面包虫，我鸡皮疙瘩都起来了，我们拒绝下单！"大二班的老师拒绝得很坚定。

"要不，订死的面包虫也可以呀！"乔一继续跟大二班老师交涉。

我正在心里暗叹孩子们可能要失败了，突然看见逸恬和宇轩交头接耳起来，然后往回跑。不一会儿，他俩从大五班回来了，手里拿着一盒面包虫，直接跑进了大二班教室，喊道："小朋友，这是我们养的面包虫，又可爱又有营养，免费送给你们仓鼠吃，你们需要订单吗？"大二班的玥玥冲了过来，说:"哦!我喜欢面包虫,我去过大五班,还喂过面包虫。""我喜欢。""我也喜欢。"……他们俩用实物搞定大二班的小朋友,借助大二班的小朋友,孩子们最终搞定了大二班的老师,脸上露出了胜利的笑容。

教师反思:

针对调查中的小意外,教师有意识、有智慧地通过启发性的言语回应和非言语回应,以闲聊方式有效地拉近师幼间的距离,让幼儿感受到亲切、尊重、温暖与鼓励,决定再次大胆地表达自己内心最真实的感受和想法。从而战胜了被拒绝后的失落感、退缩感。此外,当孩子们再次受挫时,教师的积极回应,鼓励了孩子们,让他们能迅速改变策略,转移对象。如二次面对大二班的老师时，他们不仅能自主、自然、自尊、自信地表达自己的想法，还能从语言交涉进阶到用实物直接展示，将争取对象由老师转换成孩子，从而改变大二班老师的想法，成功获得了 10 条面包虫的订单，体验到胜利的喜悦。

故事二：配送中的小麻烦

孩子们开始配送，并约定每天由值日生完成这项任务。第一次配送开始了，值日生们依照以往配送棒棒糖和红团的模式，从大班段开始——配送，大一班 20 条、大二班 10 条、大六班 30 条。

不一会儿，3 个配送员跑回教室，气喘吁吁地跟我说："陈老师，陈老师，我们遇到麻烦了。"

"麻烦？怎么回事？"我问道。

"我们把 30 条面包虫送到大六班，大六班的老师说鹦鹉一次性吃不完，喂了 6 条，其余的面包虫要先存在我们大五班。"

"大六班老师说班级没办法养活面包虫，我们就把剩下的面包虫带回来了。"

"大一班的老师也说，一次送 20 条有点多，想借我们的盒子用。"

三个孩子着急地解释着。

"哦！这样呀！的确有点儿小麻烦，那有解决的方法吗？"我说。

听闻配送面包虫有麻烦，孩子们都围着过来献策，大家七嘴八舌地说开了。

"上次我们在配送棒棒糖和红团时，每次配送的数量是一样的，都是 5，那样就比较好配送。"

"20 条、30 条数量有点大，可以分几次来配送。"

"我们来做配送计划，根据计划来配送。"

……

教师反思：

孩子的经验来源于不断地思考和实践。当孩子的配送活动遇到麻烦，教师抓住教育契机，开展推进性对话，巧妙地将问题的"球"抛回给儿童，通过反问、追问等互动形式，自然地生成新的问题。反复循环，使得幼儿能更加深入地思考与反思自我，深刻感受到学习生活中缜密思考与计划做事的重要性，拓展了思维领域和辨证能力。

故事三：我们的配送计划

通过商讨，孩子们觉得做配送计划可以解决配送中出现的小麻烦。

"需要面包虫的班级订购的数量不一样，那要怎么做配送计划呢？"善于观察和思考的刘浩辰提出了疑问。

（的确，这是一个需要思考的问题，既然是孩子们提出来的，不妨把学习的自主权还给孩子。于是，我把问题抛回给孩子们）

佑芃："我觉得可以选择一种数量来做计划，比如说我想选择做10条的计划可以吗？"

"当然可以呀！"我说。

"那，我就做20条的计划。"

"哈！我想做30条的计划。"

59

……

有了想法的孩子们立马行动，大家自主选择设计一种喜欢的计划方案。

孩子们总共设计了3种方案：10条、20条和30条的计划。

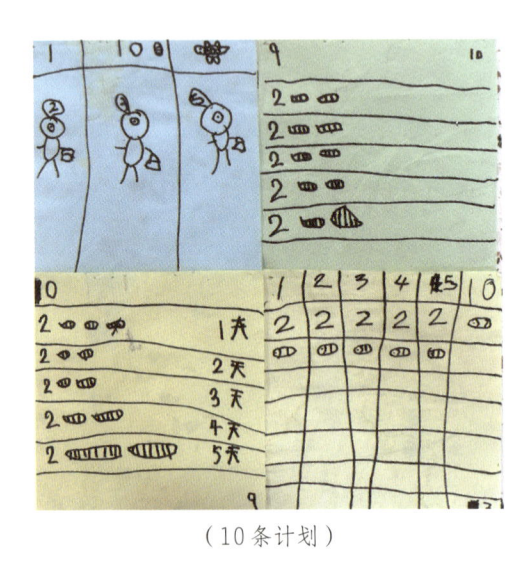

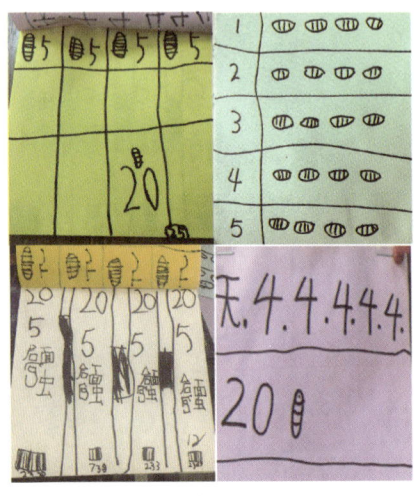

（10条计划）　　　　　　　　（20条计划）

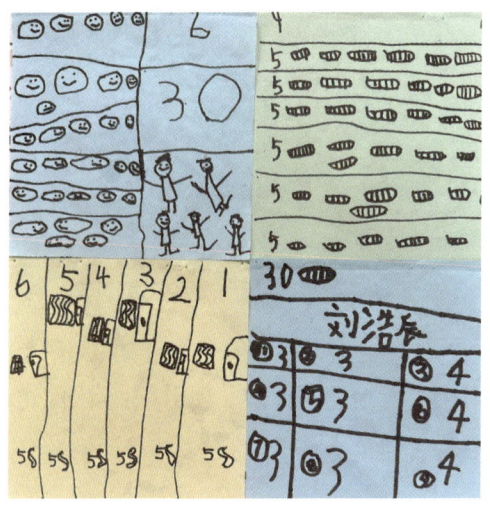

（30条计划）

（计划中，我发现他们迁移以往的学习经验，结合了按群数数，还用上了连加法。孩子们对自己的计划都相当满意，觉得完美。确实每个计划中都有孩子具体的想法）

"这么多的计划方案，该怎么落实？怎么选出最佳的计划方案呢？"我问道。

通过讨论，我们采纳了依扬小朋友的建议："分组PK，选出一个最好的计划"，进行了第一次的海选。

由于每组选出的计划方案中同类数量的计划偏多，第一次海选失败了。

第二次海选，我们采用了佑芃小朋友提出的方案："按10条、20条、30条计划进行分组讨论，每组各选出两种计划方案进行最后的PK。"

分组讨论后的胜出者方案：

浩辰：30条计划，分9次来配送，每次条数分别分：334334334。

紫绮：30条计划，分5次配送，一次配送6条。

逸恬：20条计划，计划分5次配送，一次配送4条。

乔一：20条计划，分4次配送，一次配送5条。

宋和：10条计划，分三次配送，每次条数分别分：235。

佑芃：10条计划，分5次配送，一次送2条。

决定最终计划的时刻到了，大家积极表达自己的想法。

其中，浩辰和乔一小朋友发现：10条、20条、30条计划中都有一个共同点，10条计划，一次送2条，分5次配送；20条计划，一次送4条，可以分5次；30条计划，一次送6条，也可以分5次配送。

于是，最终全票通过5次配送计划。理由是：5次配送法，配送次数一样，每次只要算好数量就行，简单方便。

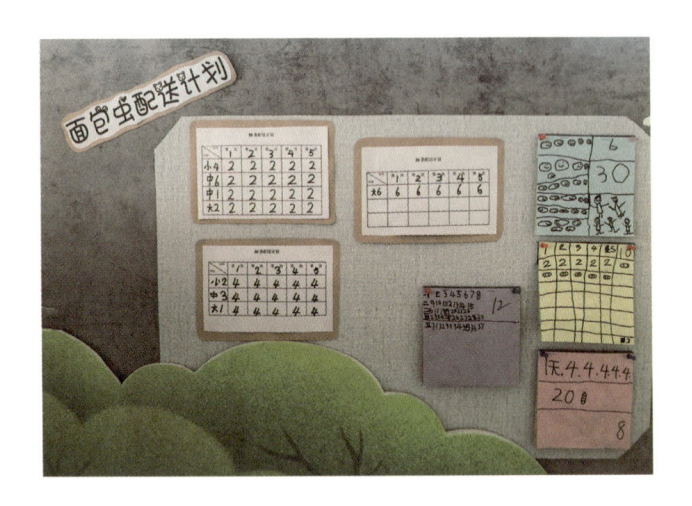

教师反思：

在做配送计划的过程中，孩子们大胆尝试用图画、表格等表征方式来呈现自己的配送方案，教师通过有效的闲聊，帮助幼儿复盘、回顾，协助幼儿将零碎的经验和发现进行一定的梳理和总结，从而帮助幼儿更有针对性地开展行动和解决问题，这对幼儿来说是一种能力的提升，也是一次思维的碰撞。

故事四：噢耶！配送成功

值日生再次上线，他们严格按照计划上岗。浩辰和喆杭根据计划填写配送单，通过商议，他俩把配送单分成了2张填写，1张是活虫配送单，1张是死虫配送单。韵琪、宇轩等幼儿是今天的打包员，根据配送单进行打包工作。一切准备就绪，瞧！几个面貌一新，着装统一的配送员出发了……

教师反思：

1. 小布丁意外离去的偶发事件引起孩子们对如何处理面包虫产生强烈的兴趣，教师从中敏锐地捕捉到了闲聊话题，由"哪几个班级需要我们的面包虫呢？"的问题开启了一场"面包虫配送"之旅，教师给予幼儿自主思考和大胆尝试的机会，引领幼儿在活动进程中真实地体验交往过程中被拒绝，或者被接纳的心理感受，以及推销成功后的成就感。

2. 从话题到调查、从实践到计划、从出现问题到思考问题、解决问题，最后完美地配送面包虫，在这个过程中，教师积极、主动地与幼儿交流互动，不断以幼儿喜欢的、能够接受的并有挑战、有意义的、灵活的活动来支持幼儿持续探索，促进幼儿的发展能够真实且自然地发生。孩子们收获的不仅仅是配送成功的喜悦，还有积极主动的学习态度，遇到问题时，表现出的探究精神等良好的学习品质；孩子们不仅发展了初步的逻辑思维能力，积累了相关的经验，还发展了表达和沟通能力，体验到共同参与、分工合作的快乐，提升了儿童的自我认知与自我效能，促进了社会性的发展。

3. 解决问题的能力是孩子们进入小学必定会面对的一项内容，在本次活动中，孩子们一次次地体验、尝试，教师通过启发性言语、总结性言语循序渐进地帮助幼儿积累计划性经验，帮助幼儿清醒地意识到自己计划的价值，同时也强化了成就感的体验。这对孩子们来说一次最好的学习机会，为孩子们即将进入小学奠定基础。

教师感悟：

在幼儿园的一日生活过程中，会遇到各种各样的真实闲聊话题，作为教师要充分利用自身这一优势，善于从中发现有价值意义的话题，面包虫配送就发生在班级自然角的雅趣小座，在这个闲聊过程中，教师耐心倾听、充分共情，温暖回应，有效提高幼儿多种能力的发展，幼儿勇敢面对困难和失败，尝试独自寻求解决问题的方法，满足了幼儿自我表现、展示优点、获取自信的欲望，而这些能力正是幼儿以后立足于社会的基石。我想这也许就是闲聊具有的独特的教育功能吧！

班级清洁日

故事缘起：

"五一"假期结束，孩子们兴冲冲地回到活动室。屁股一坐、小手一摸，林欢紧皱眉头大喊道："老师，桌子、椅子怎么这么脏呀！"

"柜子那边也好多灰尘。"安琪指着区域柜说。

"放假好多天没来，活动室变得有点脏，怎么办呢？"老师问孩子们。

"要不我们帮徐老师来擦一擦吧！"傅子淇提议。

"我也想擦，我也想擦！"这个主意立刻引起了巨大反响。

"行啊。今天，就把活动室的大扫除就交给你们！"

故事一：清洁日，或许很好玩？

我爽快地答应了孩子们的提议，还把抹布、扫把都搬了出来。孩子们两眼放光，争先恐后地领了工具，撸起袖子跟在生活老师背后，兴致勃勃地开启了劳动模式。有的擦擦桌子、有的擦擦柜子，还有的去活动室外擦鞋柜。

看着比原来干净许多的活动室，孩子们得意极了，在活动室的漫聊小屋里围着我喋喋不休。

"老师，你看我们擦得干不干净？"

"老师，刚才都是安琪在擦，我还没擦呢！"

"老师，大扫除真好玩！不然我们以后每周都来打扫吧！"

"我也觉得很好玩，要是每周都能来个'班级清洁日'就好了！"

窥见孩子们对集体劳动产生浓厚的兴趣，我试探性地询问："嗯，大扫除很辛苦的，你们行吗？"

"哪里辛苦了！轻松得要命！"安琪瞪大眼睛，立马质疑我说。

"我觉得擦桌子好好玩，没什么难的！"郑子杰甩着手上的抹布，不当一回事地说。

"我也觉得很简单，我在家早就会做了。"帅飞也不以为然地接着说。

"那我们一起去建构区擦吧！那里玩具最多，我们可以擦个够！"子杰已经迫不及待地开始找活干了。

……

顺应孩子们美好畅想，"星期五·班级清洁日"应运而生。

教师反思：

从大扫除前后的闲聊中，教师看出，这群在家几乎不干家务的孩子们，难得在幼儿园生活老师的帮助下，体验了一次劳动瘾，他们感到新鲜好玩、有乐趣。这样的劳动初体验也激发了孩子们持续参与集体劳动的愿望，并对接下来的"班级清洁日"充满期待和憧憬，现实真如他们畅想的那般吗？孩子们能够依靠自己的力量共同完成劳动任务吗？教师不禁翘首以待。

故事二：清洁日真麻烦！

在分组、分工、选择清洁工具等各方面前期准备就绪后，约定好的，属于孩子们的"班级清洁日"终于来临，孩子们兴致勃勃地带来了各式各样的劳动工具，清洁时间一到，大家就直奔各自负责的区域忙碌起来！

很快，各区就纷争不断。

子杰哇地一声大哭起来："老师，尤恩沐不让我擦桌子！"

恩沐也急了："我都跟你说了，先擦玩具，等会再擦桌子。"

"我才不要！我不跟你们一起做了！"子杰抹了一把眼泪，气呼呼地拿着抹布走开了。

建构区里，臻杰也在埋怨："都是卓帅飞，篮筐都没擦，就把积木放进去！"看着地板上成堆成堆的积木，高榕叹了一口气说："唉，早知道不来建构区了，太麻烦了，别人都做完了！"

因为纷争不断，所以在清洁活动结束后，我和孩子们在活动室的漫聊小屋里开展了一次关于清洁问题的大讨论。

"为什么清洁的时候总有小朋友发生争吵呢？"我问道。

林栩诺一脸嫌弃地指控赖玮轩："我们玩具都还没擦完，赖玮轩就一直要来扫地。"

安琪也气冲冲地说："没错，吴奢拿着拖把，一直催我们，快点！快点！"

我赶忙帮着安慰道："他们也是想要快些把清洁任务做好呀，可能只是不知道该什么时候做！"

"要先把玩具搬出来，这样才能擦干净！"

"没错，地板要最后拖，这样大家才不会踩来踩去的！"

（我把孩子们说的用简笔画罗列出来，通过讨论和直观的图示，孩子们提出大扫除的流程：先把玩具搬出来，擦柜子和篮筐，接着擦玩具，最后擦桌

椅、扫地和拖地。同时，孩子们也认识到大家互相配合才能完成得更好）

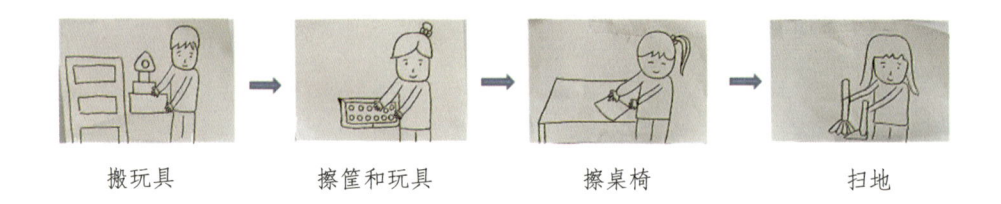

搬玩具　→　擦筐和玩具　→　擦桌椅　→　扫地

一波未平，一波又起，突然，卓帅飞指着郑子杰："他一直在玩，都没认真帮大家一起擦。"

子杰反咬帅飞："你也跑来跑去的，我都看见了！"

卓林淏也检举揭发："杨宥祺太慢了，洗毛巾洗了很久。"

"是呀，那怎么才能让大家都一起认真做事，做得又快又好呢？"我又把问题抛回给孩子们。

孩子们开始出谋献策，玮霖提出了可行性建议："可以做提醒标志。"

傅子淇指着窗外说："看哪一组做得快，快的，就去外面喂鸽子。"

翁尔娅指着监控说："可以开监控，看看谁做得最认真，认真的，奖励小红花。"

……

这不，顺应孩子们的思路，在提醒标牌、深度分工、组内竞赛、评选"劳动小能手"等机制的推动下，孩子们不再互相埋怨，并且学会了主动协助、配合他人，孩子们共同完成小组任务的意识大大地增强了。

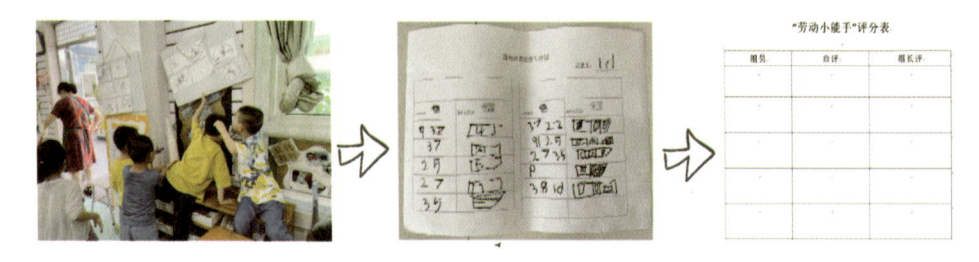

教师反思：

放手让孩子们独自展开清洁活动，实践中孩子们遇上了许多问题，如个体以自我为中心、劳动经验差异大、合作完成小组任务能力弱、清洁任务繁琐细致等，这些都让孩子们感到麻烦不断、困难重重、身心俱疲，孩子们这才发现，原来他们认为好玩、简单的劳动任务，并不简单，滋生出无奈、沮丧、厌烦、想要放弃等消极情绪。

面对孩子们的情绪状态，教师及时与孩子们展开闲聊，在倾听孩子们的内在需求后，通过明确任务流程、制作标牌提示、他人提醒、组长分工、组内竞赛、适当奖励等多种途径，积极寻找让大家坚持、专注、有效完成小组任务的对策。

故事三：清洁日，累并快乐着！

清洁日持续一段时日后，新的问题又出现了。随着集体劳动的新鲜感渐渐褪去，建构区里不时传来孩子们的抱怨声："太累了，什么时候才能做完，我腰都酸了！""我还是躺下来休息一会了再擦吧！"

新的一周，班级清洁日开始了，郑子杰漫不经心地擦着乐高积木，趁大家不注意竟开始拼搭起来，别人提醒他，他还找借口："我把他们拼起来给你们擦更快！"

很快，他开始玩性大发。他站起身来，把篮筐顶在头上，得意地走来走去，说："你们看，我都没掉！"这一举动引得大家哈哈大笑。

接着他又把积木排成长队医院的检验窗口玩起了游戏。

没过多久，子杰又出新招，把篮筐抱在胸前，怂恿大家，说："你们擦好了，扔给我，我接住！"队友们经不住诱惑，胡乱擦擦手上的积木，就忙着往篮筐里投，子杰还当起了裁判，大声地给大家评分："5分，10分，100分……"

大家沉浸在游戏的欢乐中，清洁任务早已抛到九霄云外。

面对这些喜欢"跑题"的孩子，我及时肯定了他们自娱自乐的创意，当他们忙于给积木排队时，我借机引导："做检查前，医生都会给我们消消毒，你们帮积木消毒了吗？"大家听完兴致勃勃地在积木身上擦了又擦，俨然一个个认真负责的小医生。

面对沉浸"投篮"游戏不能自拔的孩子们，我又故作好奇地问："为什么他才5分？怎样才能拿到100分呢？"

裁判郑子杰说："要扔准了才行！"

组长高榕又加了一条："还得擦干净了，才能得100分！"

这下，他们劲头十足，马不停蹄地开始认真擦玩具，被裁判判定高分时，他们欢呼雀跃，看着最后擦得干干净净的玩具和活动室，大家心里别提有多高兴了!

就这样，班级清洁日从充满埋怨与混乱，逐渐变得欢声笑语、井然有序。

而对孩子们来说，清洁似乎也不再是枯燥无味的任务，而是展示自我的舞台，是和同伴游戏的快乐时光、是共同创造劳动成果的幸福时光!

教师反思：

面对单调重复的清洁任务，孩子们的热情慢慢消散了。但在孩子们自发随意的想象中，他们把生活、游戏建立了妙趣横生的联结，赋予了劳动新的活力。教师发现，劳动对于幼儿而言本身就是一种游戏。

面对沉迷"投篮"，忘记清洁的幼儿，教师注重共情理解，通过积极支持、营造情景化的游戏氛围，最终，让原本枯燥、辛苦的劳动变得充满乐趣、富有动力。孩子们乐意参与劳动，并表现出热爱劳动的情感、主动参与劳动的行为倾向、认真执行劳动任务的能力和意愿。变成游戏的劳动成功地转变了孩子们在完成任务时的态度与行为，使孩子们不断感受到任务的有趣与集体劳动的快乐，从而激发了孩子们的内在动力，让清洁活动得以长久进行。

教师感悟：

从偶然的事件、师幼的闲聊对话中，引发了孩子们对班级清洁日的期待。

孩子们从家里养尊处优的小公主、小王子一举变为勤劳的小蜜蜂,他们终于接触到家里不被允许触碰的劳动工具,不禁心花怒放,尽情享受着劳动初体验的快乐。然而,劳动过程中的艰辛以及重复单调的事务,又让孩子们在兜兜转转间重复着"做"与"不做"的纠结。最终,他们用自己的游戏精神克服了一次次的困难,学会了坚持,懂得了责任,并在品尝劳动成果的愉悦与幸福滋味后,不断引发其自身的热情及责任之心。相信,在这种热情和愿望的驱使下,幼儿未来会专注于完成任何他们认为有趣、有价值、有意义的任务。

我们的"秘密基地"

故事缘起:

这一天,区域活动照常开展,孩子们热火朝天地进行着自己的游戏,但是有一道身影默默地离开其他孩子,走向了寝室,她在寝室待了许久都没回来。担心之余我到寝室找她。刚踏入寝室,就看到一个小人儿蹲坐在自己床边的小角落,双手抱着腿,脑袋低垂着。

"玥玥怎么了呀?有什么事情可以和我说说吗?"我走到玥玥身边,和她并排蹲下,揽着她,问道。

她抬头看了我一眼,接着又将头低下去,轻轻地摇了摇。

"是刚才玩游戏和小朋友起矛盾了吗?"我试图推断出引起玥玥情绪的源头。

玥玥还是低着头,什么话都不说,唯一的回应只是摇头。

看着玥玥沉默的回应,我意识到玥玥似乎不太会表达自己的情感,平日,玥玥一贯也是有事都憋着不说。放眼到班级,也有其他孩子不会排解自己的不良情绪,缺少情绪发泄途径的引导。

故事一:秘密基地要定在哪?

我拿出了一本绘本《我的秘密基地》,邀请她和我一起阅读,以此暂时转移玥玥低落的情绪。

"如果在班级里你也能有一个秘密基地作为你的宣泄地,你会想把它安在哪里?"读完绘本,我问道。

我本不抱希望玥玥会回答,当我要开口进入下一个话题时,玥玥伸出食指,指了指地面小声地说道:"这里。"

"为什么呢?"我饶有兴趣地问她。

玥玥望了一圈寝室,笑着,慢慢地说:"寝室很安静啊,我可以一个人在秘密基地。"

这时候，晗晗从寝室门口探出了头："王老师，你在这里呢，你们在做什么呀？"

听了晗晗的疑问，我迟疑地看了一眼玥玥，询问她能不能告诉晗晗，因为这是我和她的秘密。玥玥看着我，点了点头。于是我和晗晗分享了我和玥玥正在讨论"秘密基地"安在哪的话题。

"秘密基地！"晗晗兴奋地叫了起来，"我想安在寝室！我经常和霏霏在寝室讲悄悄话，哈哈！"

玥玥听了晗晗的回答，眼睛一亮，转头看我。我一下就明白了她的意思："晗晗和我一样，也想把寝室当做秘密基地！"

教师反思：

这一场由老师主动发起的简短的闲聊，最后，在寝室——私密温馨的环境、师幼绘本共读以及教师启发式的言语引导的加持下，教师得以找到走进幼儿内心的豁口，发现幼儿对寝室存在区别于班级其他区域的情感。教师注重师幼间保守秘密，让幼儿坚定对教师的信任，也进一步与幼儿建立积极而又紧密的情感连接。有了这样的情感支持，幼儿才能更有勇气走向教师、敞开心扉，赋予闲聊中师幼之间更深的羁绊。

故事二：秘密基地初具雏形

午餐后的休息时间，我听到以玥玥、晗晗为首的小朋友们在百变话廊聊天："你想把班级的哪个地方当成秘密基地？"

……

"王老师！我们投票，选出寝室，当成我们的秘密基地！"晗晗集合了其他小朋友的想法后，兴冲冲地跑来告诉我这个消息。

"为什么呢？"我拉着晗晗的手，让她更靠近我一些。

其他小朋友也围了过来，雅雅说："因为寝室是睡觉的地方，很安静，所以我觉得秘密基地放在那里比较好。"

"因为平时不会有小朋友跑到寝室,我如果想自己一个人在里面就不会被打扰!"涵涵说。

"对!这样我和好朋友说悄悄话就不会被别人知道了,哈哈!"伊伊说。

"我不开心的时候就会偷偷跑到寝室里自己待着。"舒舒也说出了自己的小秘密。

看着孩子们期盼的小脸,我不忍心地提出自己的顾虑,问:"可是,寝室是大家睡觉的地方呀,我们要怎么弄成秘密基地?"

易易想了想说:"我们可以不用整个寝室,只要一个角落就行了呀!"

"对呀,对呀!"

说罢孩子们便拉着我去寝室实地考察,在讨论中,桢桢比画出一小块区域:"这么大就好了,在角落,不会挡住小朋友,也不会妨碍大家睡觉。"

我思考着孩子们提出的建议的可行性,在一双双充满期待的眼睛的注视下,挑了挑眉,笑着说:"可以试一试这个规划!"看着孩子们欢呼雀跃的样子,我又补充道:"你们可以在班级找找材料,用来布置你们的秘密基地。"

于是,孩子们找出班级里的材料,共同合作、布置,很快,秘密基地初具雏形。

教师反思：

与孩子们的闲聊中，我发现，在平等与相互尊重的师幼关系下，孩子们能大胆地向教师表达对寝室的特殊依赖与需要。孩子们在百变话廊中对秘密基地的闲谈和自主布置秘密基地的行为，让我意识到对于正确宣泄情绪认知存在缺陷的孩子而言，或许这是一个可以帮助他们表达情绪、舒缓焦虑以及学习相应的知识技能与方法的机会与途径。虽然，孩子们在想法之初只有满满的兴趣作为支撑，但是在教师言语、非言语等策略引导下，他们自主思考、实地考察，最后，结合环境与自己的生活需要，成功地选择并规划了一块合适的角落作为秘密基地。"秘密基地"这一宣泄角从闲聊中的畅想变为闲聊后的衍生产物。

故事三：宣泄角正式诞生

秘密基地的想法成功落地，孩子们在情绪低落、生气时都会想到去秘密基地宣泄情绪。

"王老师，你刚才有听到我在寝室里的声音吗？"易易跑过来趴在我耳边偷偷问道。

"没有呀，发生什么事了吗？"我转过头紧张地看着他。

"哈哈！真的呀！那个瓶子太厉害了吧！我刚才很生气对着那个瓶子大叫了好久，外面都没有听到我的声音！而且我现在也没有那么生气了！"易易惊讶又骄傲地说。

"哇！看来这和尖叫发泄壶一样厉害，它能把你的声音吸走，而你也很聪明，用它把你的坏情绪赶跑！"我拍了拍易易的肩膀说。

欣欣也举着她刚画好的坏心情变好心情的办法小图示来找我分享，并表示想贴在秘密基地，供小朋友们借鉴。其他小朋友也纷纷效法，于是在大家的齐心协力下，寝室的宣泄角又增设了"好心情小妙招"的板块。欣欣高兴地拉着好朋友到宣泄角分享自己的成果。

……

课程故事

教师反思：

宣泄角诞生后，从孩子们的日常闲聊对话中，我能感受到寝室里的这一方小角落带给孩子们的改变。她们在与宣泄角的互动中探索着调节、表达情绪的办法，而我也在其中意识到，教师作为孩子的引导者，观察幼儿时应基于感官而深入内心，对于幼儿的情绪也应倾注更多细腻的感知、感同身受地听以及回应幼儿的需要，以帮助、引导幼儿纾解自己的情绪。

77

教师感悟：

在教师积极的鼓励下，孩子们大胆畅聊并创设宣泄角后，班级内的寝室不仅是幼儿午睡时间的休憩地，更是幼儿带着自己的三两好朋友说悄悄话、宣泄情绪的地方。寝室里的宣泄角不仅是幼儿遇到挫折、焦虑、烦恼、疲惫时调整的一方小天地，更是幼儿观照内心、学习心情调试方式的重要场所，也是教师进一步关注幼儿的情感需求，并寻求合适情绪反馈的一扇门。在这里，幼儿用闲聊消除烦恼、用闲聊治愈内心，用闲聊塑造更开朗、快乐的自己！

受伤风波

故事缘起:

子豪性格腼腆、羞怯,似乎更喜欢独处,不太主动和老师、同伴交往。在过去两年的幼儿园生活中,子豪的表现虽不引人注目,但还算能够平稳。然而,就在大班上学期的期末,这种表象上的"平静"被骤然打破。

故事一:子豪受伤了!

"老师,小朋友打了我眼睛!"子豪向我告状。

"老师,我的眼睛又被打了!"……

接连几天,子豪竟然受伤不断:睡醒,贸然叫同伴起床,被打到眼睛;游戏时,因为互相推挤,被同伴撞到腿……子豪的内心因此变得十分敏感,甚至只要与小朋友稍微发生肢体碰撞,就认为自己被打了。可询问子豪"他们为什么打你?刚才发生了什么事?"他只是一味地说自己被打,却无法说出其中缘由。此后,一到集中教学环节,子豪便独自坐在桌边的位置,不愿同其他伙伴一起,而子豪的妈妈也因担心孩子受伤变得焦虑不已。

"孩子间的打闹玩耍是很正常的,这些或许只是偶然,总不能强制子豪不跟其他小朋友玩耍吧!"老师觉得既然子豪没有办法解释受伤的过程,那干脆直接采取为子豪调换座位,请两位小朋友轮流保护子豪,以避免事故的发生。可尽管如此,不久,子豪依旧因为与同伴打闹玩耍再次受伤。这一天过后,子豪也因害怕而拒绝上幼儿园。

教师反思:

同伴交往过程中突发的、频繁的摩擦事件在让孩子受伤、害怕的同时,自然也引发了教师的关注。但很显然,教师此时的关注焦点因子豪的无法表达落在了"事件解决"而非"儿童个体"。也正因如此,教师主观的、外在的、不加了解的介入非但没有帮助孩子减少伤害,反而加速了孩子在园生活体验安全感与信任感的流失与崩塌。

故事二:受伤风波就此平息?

子豪请假将近一周。期间,我和他的妈妈主动沟通,尝试了耐心劝导、物质奖励等方式,但都不见成效。"究竟该怎么做,才能让孩子重新回到幼儿园呢?"仔细回忆与子豪的相处过程,一些被忽视的事情慢慢萦上心头:子豪喜欢什么?平时喜欢跟谁玩?能不能以孩子的兴趣和爱好作为支点呢?基于这样的思考,我找来子豪的好朋友(同时也是和子豪发生过争执的男孩)了解情况,最终,我们商量出视频道歉和约定来园分享卡片的办法。

果然,共同的兴趣和亲密的友情最终让子豪鼓起了来园的勇气,借着子豪的高兴劲,我马上和他聊了起来。

老师:"哇!子豪,你今

天来上学了，大家都很想念你！"

子豪："对呀，郑哲给我分享了好多卡片！"

老师："看来大家还是很喜欢你的，所以才会把卡片分享给你！"子豪听了，更得意地看着手中的卡片。

老师："那么，如果发生了什么不愉快的事情，一定要记得告诉老师，我们会帮助你的。"

卡片的吸引力似乎让子豪忘记了先前的不愉快。看到子豪在班上和好朋友分享卡片时的欢喜与开心，我心中这一块沉重的石头终于得以落地。本想着这阵受伤风波能够就此结束，可就在子豪来园第一天的晚上，我再次接到了子豪妈妈的投诉，这一次事故，彻底点燃子豪父母心中的怒火。

"沈老师，子豪这才第一天去幼儿园，怎么就又受伤了？老师在幼儿园到底有没有关注我们家的孩子？"

"老师，我们家子豪是比较瘦弱，胆子也比较小，但也不能因为这样就老受欺负吧！"

"老师，万一子豪以后因此不敢上小学，可怎么办？"

家长的责怪和抱怨让我感受到前所未有的压力，也让我再次严肃、郑重地思考了起来：为什么偏偏是子豪受伤？又为什么之前没有发生，而在最近爆发呢？难道我们老师所做的一切真的只是徒劳？如若没有真正了解这个孩子，不知道他需要的究竟什么，那么，一切所谓的帮助或许真的只能是隔靴搔痒。

教师反思：

借助同伴吸引子豪回归幼儿园以及教师顺势发起的、鼓励性的闲聊看似帮助子豪走出了受伤风波，但其实这些只是暂时性地掩盖了孩子心中的紧张与畏惧。子豪再次受伤风波，让教师的关注点开始从外显的事件本身真正转向了对子豪内隐的心理特质与个体需要的关切上。

故事三：受伤风波背后的原因

因为这次受伤并无大碍，所以第二天子豪还是照常来园了。这天，老师没有对子豪格外保护，而是静静地在一旁，观察着他的行动，希望能够真正了解孩子，发现原因并帮助孩子寻找到适宜的解决方法。或许，恰好是这一天的追随与期待，让老师得以找到解开疑虑的钥匙。

分区时活动，子豪用子弹头形状的积塑制作了一把长枪，他威风凛凛地炫耀着，到处找同伴比试着，似乎想着急地证明他的长枪才是最厉害的。就在这时，他发现了同样持有长枪的浩硕。只见子豪立刻两眼放光，试探性地上前给了浩硕一击。或许是这莫名的挑衅引发了浩硕心中的战斗欲，在子豪发起主动攻击后，浩硕也不甘示弱，拿起长枪反击。

本想着一次反击后，子豪会就此作罢。可出乎意料的是，子豪却将浩硕的这次回击当做是他对这次战斗的默认和应允，因此，子豪虽然有些畏缩，但还是开启了这场战斗。他拿着长枪，或向对方瞄准，发出"砰——砰——"的开枪声，或直接向对方刺去，可尽管他用尽全身力气，似乎都被身强力壮的浩硕牢牢压制。浩硕一次又一次的反击最终让子豪气急败坏，他紧握浩硕的长枪并将其掰断，而浩硕也因此生气，用长枪刺向了子豪的背部。吃痛之余，子豪才感受到对方的愤怒，虽有不甘，但还是离开了。

"老师，陈浩硕打我！我好痛。"子豪找到我，泪眼汪汪地哭诉着。

我带着子豪来到班级门口，坐在鞋柜上聊了起来："浩硕用长枪戳到了你的背，所以很痛是吗？"我边询问着子豪，边抚摸着他的背部。

"他很用力地打我，我都没有很用力！"子豪坚定地控诉着浩硕。

"戳你，让你很痛的确是他的不对。就算是玩游戏，也要考虑其他小朋友的安全。咦？你刚才说你没有很用力，是什么意思？"

听到老师这么说，子豪觉得似乎找到了靠山。说道："我只是轻轻地把他的玩具掰断，又没有很用力！"

"原来是这样，可是你们不是在玩对战的游戏吗？如果你的枪被别人掰断了，你的感觉怎么样？"

"嗯……生气！"子豪低着头，有点不好意思地回应道。

"是呀，如果是我，我肯定也会跟你一样生气，所以我们可以想办法把他打败，但是破坏别人的武器可不算男子汉哦！"

在和子豪单独聊天的几分钟让我突然明白：原来，频繁给子豪带来麻烦的不是别人，而是与其成长阶段不匹配的能力缺位。大班的子豪较中小班有着更为强烈的交往需求，他渴望同伴间的互动与分享，也渴望获得同伴间交往的快乐，因此，他主动发起交往，但却因缺乏交往与表达的技巧，让同伴在与其交往的过程中总出现不适的情绪体验等等，这才会让自己一次次受伤。

教师反思：

在这次和子豪的聊天中，教师通过温暖关怀、共情理解以及循序渐进式的提问与回应，不断深化了和子豪的情感联结，并以此真正打开子豪的心扉，让子豪看到交往过程中自己存在的问题以及受伤的症结所在。至此，教师终于明白：想要帮助孩子真正摆脱这阵受伤风波，最重要的就是要基于孩子的特质引导其学会交往。

故事四：风波悄然远去……

那次闲聊过后，我不断复盘子豪的日常表现，从生活、交往到游戏、学习。子豪的动手、反应力、语言表达、交往等能力的发展的确在一定程度上略慢于班级很多孩子。在和孩子的妈妈深度地交流后，我也发现，孩子在家里向来都是被过度保护，家长对子豪的担心远远超过对孩子能力的信任。基于实际，我提出，将这阵受伤风波作为的新起点，借助班级和家庭的力量带给孩子新的成长和蜕变，让子豪迎头赶上，重新爱上幼儿园。

方法一：给予方法，提高交往能力。在子豪与同伴交往的过程中，我注重结合具体的交往情境帮助他逐渐掌握适宜的交往语言与行为，如教导和鼓励子豪适宜友好的交往行为，让其大胆表达自己的感受与需求；鼓励子豪与同伴合作，增加子豪与同伴交往的积极体验与认同。

方法二：肯定优点，增强自我效能。子豪喜欢并擅长美工制作，教师通过鼓励、引导，让子豪分享自己的美工作品，并适时表扬其坚持、专心等优秀品质；同时，肯定子豪在班级中的点滴进步，如日常的打卡行为，帮助子豪在心理上建立自我认同，看到自己的进步。

方法三：亲密关怀，增强集体归属感。通过家园共育的方式，不定期地关心子豪在家的生活状态与自理情况，以此让子豪感受到来自集体的关怀与呵护。

教师和家长的行动让子豪悄然蜕变：子豪在班级的身影日益活跃、性格也日渐开朗，他拥有了更好的好朋友，与朋友发生冲突的事件也大大降低。

教师感悟：

在生命成长的进程中，每一位儿童都在以自己的方式和速度努力生长着，儿童的个体差异在为其带来不同生命体验的同时，也给我们教育者带来了更多的挑战与思考。如今，子豪的受伤风波已渐渐远去，在看到子豪从紧张到轻松、从烦闷到愉悦的同时，教师感叹"闲聊"在解决儿童实际问题上的重要意义。在闲聊中，儿童有了更加积极、更加准确的自我认知，同时，也让教师放下了对待儿童、对待问题的功利心，并让家长对老师亲近与信任感得到增加。愿这些改变能帮助子豪逐渐走向聚光灯，慢慢地、尽情地享受着未来成长的欢愉与美好。

嗨！足球小将

故事缘起：

一次足球联赛中，孩子们兴奋地在护栏边为自己喜欢的足球小明星们呐喊助威，这时，激动的陈南菘突然回头对我说："老师，我踢球也很厉害，我也想参加足球赛！"南菘的这句话引起了全班小朋友的共鸣："我也要！""我也要！""我早就会踢球了！"一群男孩子围着我，激动地炫耀着自己的踢球本领，我想："既然孩子们这么胸有成竹，那就让他们来大展身手吧！"于是，我们班的足球小将就这样上场了……

故事一：犯规了？犯规啦！

孩子们自由组队，迅速成立了两支六人球队，满怀激情地投身于首场"球王争霸赛"。

作为孩子们的新晋球迷，我对大家的精彩表现抱着无限的期望与幻想，认为这一定是一场开展有序、球技高超的足球赛。可谁知，球赛开始没多久，场上，你争我抢、混乱无序的场面打破了我的幻想。

矮个头的蔡晨的好不容易抢到球,当他看到对手蜂拥而至来抢球,便一把抱起地上的球扔给了自己的队友。这可让对手抓住了把柄:"不可以用手拿球的,你这样犯规了!"蔡晨也不服气地反驳:"谁让你们一直乱推我,还拉着我,你们这样也犯规!"就这样,两队球员谁也不认输,争执了起来……

接下来,为了躲避被抢球的风险,孩子们把球踢得满场跑,甚至踢出了线外也不停下。跑累的宇杰冲着我气喘吁吁地哭诉道:"老师,他们把球都踢到外面了,还在踢,这样是不行的!"突然场外观战的蔡聿也冲过来叫苦:"他们刚才还踢错球门了!"

教师反思:

足球比赛的兴奋感与激烈对抗在给孩子们带来运动快感的同时,也让孩子们亲身感受到规则存在的重要性。对于中班的幼儿来说,由于合作经验的缺乏及规则意识的薄弱,他们经常出现"不知道要遵守规则"以及"不能自觉遵守规则"的行为,而这些意识与能力的缺失直接造成了足球赛的终结。那么,该如何解决孩子们高涨的踢球热情和混乱无序的球赛现状之间的矛盾?

故事二:球赛规则大讨论

"为什么大家都喜欢的足球赛,反而让大家都不开心呢?"面对孩子们赛后失落又互相埋怨的样子,我主动和孩子们聊了起来。

"他们总是犯规,这样是不对的!"南菘委屈地撇了撇嘴。

"你们才犯规,我爸爸说球不能踢到线外!"宇杰也叫道。

"那你们还用手拿球,只有守门员才能用手碰球!"拉拉也激动了起来。

"看来,大家都知道犯规不是一个好的行为,那小朋友为什么会犯规呢?"看着水火不容的孩子们,我试着调节,问道。

"因为他们要来抢我的球,我太紧张了!"蔡晨说道。

"我们太想赢了,忘记不能把球踢到线外了。"亮亮补充着。

"噢!原来大家不是故意要犯规的,那你们有什么好办法,既可以让大家

玩得开心，又不犯规呢？"我继续追问。

"我们可以自己制定足球比赛的规则呀！"南菘拉着我喊道。

"我回家问叔叔，我叔叔是足球教练！""我们可以查资料！""我和爸爸一起看一场足球比赛，不就知道规则了？"孩子们对南菘的想法表示赞同，并纷纷表达自己的想法。于是，孩子们通过自己的方式，如查资料、询问家长、观看足球比赛等来了解比赛规则。

这一天，孩子们即将开始新一轮的足球比赛。比赛前，孩子们来到运动补给站打水补充水分，并排坐在运动补给站的长凳上热火朝天地畅聊着……

"每支球队要把足球踢入对方的球门，可不能踢错了。"晨晨严肃地说着。

"嗯，守门员必须一直坚守在球门前，不能跑去和球员一起玩球。"拉拉补充道。

"守门员可以用手接球，但是球员只能用脚踢，不能用手或者手臂碰球，也不能用手推人。"南菘一边说，一边用手势打了个大大的叉。

"我叔叔说了，如果把球踢出球场界限要判定为界外球，就是犯规！"宇杰激动地提醒着。

于是，孩子们一边讨论，一边将自己制定的规则详细地画了下来。

"哈哈，这下清楚了规则，我们肯定不会犯规啦！"孩子们各个信誓旦旦、信心满满，向我保证一定能遵守规则。

教师反思：

孩子们的"足球梦"时刻牵动着他们的心，足球的话题一直回荡在教室的每个角落，最终孩子们在"漫聊小屋"里说出了自己的真实想法和心情，坦然面对自己在足球比赛中出现的"违规"问题，并通过集体之间的质疑、讨论与交流，不断地尝试解决问题、制定规则。在这个过程中，孩子们对球赛规则有了初步认识，同时，他们解决问题的能力、与同伴合作的意识也得到了一定程度的发展。

故事三：遵守规则不容易

可大家真能做到遵守规则吗？这对中班的孩子来说可不是那么容易的。有了上一次的失败经验，这一次，我决定认真观察一下孩子们在场上的守规情况。

比赛开始了，孩子们似乎都能有意识地控制自己的传球行为，用手抓球和推人的现象也少了许多。然而，和谐的比赛场面仅持续了10分钟。只见郑凌熠带着球一直踢不到自己想要的方向，他左右张望了一下，用迅雷不及掩耳的速度拨了一下球的方向，然后大力地一脚射门，"进球了！"场外的啦啦队们欢呼着雀跃着，而另一边的啦啦队则叫嚷起来："犯规，犯规！凌熠偷偷地用手碰球啦！""我还看到他推了一下李宇杰！"

比赛结束后，小球员们坐在运动补给站喝水休息，凌熠因为没有遵守规则，遭到了大家的一致批评，补给站里的斥责声让气氛再一次陷入低迷。"哎，看来知道规则也没有用，知道但还是做不到！"我搂着凌熠的肩膀说。

凌熠低着头，袒露出内心所想："总是踢不进球门，我才用手轻轻碰了一下嘛!"

"那大家都用手碰,我们就不叫踢足球啦,我们直接改名叫手球好了!"伶牙俐齿的多多反驳道。

看来,孩子们只是表面上知晓了足球赛的规则,要想真正遵守规则,还真是不容易!

教师反思:

通过对第二次足球赛不守规则的反思,不论是老师还是幼儿都感受到了遵守规则的不易。不守规的原因,一方面是由于前期无论是讨论还是查找资料只是在认知层面建立起了幼儿关于球赛规则的了解,并未真正内化为幼儿对自我行为的约束;另一方面,则是中班幼儿的能力水平导致他们难以自觉、自律。看来,要想帮助幼儿学会遵守规则,或许需要寻求新的途径。

故事四:哥哥姐姐来帮助

"老师,老师,这该怎么办呀?"孩子们一边抱怨,一边寻求我的帮助。

看着满心着急的孩子们,又看了看操场,心里突然冒出了一个想法。

"孩子们,你们看,大班的哥哥姐姐也在进行足球比赛,你们要不要去当小观众呀?"

"好呀!好呀!"孩子们再次满血复活,他们也想看看哥哥姐姐是怎么玩的。

只见,随着一声哨响,活力十足的对抗赛瞬间爆发,哥哥姐姐们在绿茵场上奋力奔跑,你追我赶,在一次次进攻与防守中相互较量,进攻、封堵、抢断、堵截有模有样。看着哥哥姐姐的一招

一式，一举一动，孩子们的眼里透露出了崇拜的目光。

"咦，哥哥姐姐怎么都没犯规？"比赛结束后，孩子们发现哥哥姐姐并没有出现同样的问题。

"那你们去问问哥哥姐姐吧？看看他们有什么好办法？"我建议道。

于是，一群孩子们找到了大一班的哥哥姐姐，迫不及待地问出了自己的疑惑，哥哥姐姐也在耐心、热情地解答着。

"我们一开始也会出现犯规的行为，后来找了一个小裁判！"

"嗯，球员犯规的时候，裁判可以吹哨进行警告。"

"还有，我们的两支球队都有一个队长，队长都会提醒自己的队员。"

……

看着孩子们认真求教的小眼神，我的心里不禁感到一丝欣慰，同样期待着他们下一次的进步。

教师反思：

受认知水平和比赛经验的局限，中班幼儿执行规则的能力仍然较弱，此时，教师着力于引导而不是教导，让孩子观看哥哥姐姐的比赛现场、向哥哥姐姐请教讨论。通过在这个过程中，孩子们不断地获得学习经验，有所启发，将规则意识逐步内化的效果更佳。

故事五：裁判诞生了

听完哥哥姐姐的建议，孩子们回到班级，七嘴八舌地讨论了起来。

"我们安排两个负责任的小队长吧，提醒队员不能犯规！"亮亮建议道。

"还有，要不我们也像哥哥姐姐一样，找个裁判吧！"南菘也提了个建议。

"嗯嗯，有了裁判，我就不犯规了！"凌煜抬起头，眼神亮了亮。

"这倒是个不错的办法，说不定能帮助我们遵守规则，可以试试！"我也对孩子们的提议表示赞同。

"耶！"孩子们欢呼起来，跑到保安室，决定邀请能干的保安叔叔当下一

轮比赛的裁判。

比赛前，只见两个小队长都在提醒着自己的小队员不能犯规。随着裁判的一声哨响，两队球员的追逐再次开始。

凌熠率先抢到了足球，铆足劲地往对方球门跑，对方球员也毫不懈怠地拼命追赶着，眼看凌煜就要被追上了，他调转方向就往线外冲，"哔——"突然一声响亮的哨声，场上的小球员们都停下了脚步，原来是球已出界，只见保安叔叔捡起足球，并把球抛向对方球员。孩子们再无纷争与埋怨，就此开始了新的一轮比拼……比赛结束后，孩子们激动地拉着我分享他们的心情。

"老师，有了裁判的提醒，大家终于能够在球场上遵守规则了！"南菘兴奋地叫道。

"是呀，裁判提醒了一次之后，凌煜就没犯规啦。"大家伙都在为凌煜的进步感到高兴。

"耶，我的球员们今天都有遵守规则！今天的球赛玩得太开心啦！"今天担任队长的多多骄傲地说着。

看着稚嫩的孩子们认真的样子，我不禁觉得他们长大了，俨然像一个个专业的球员，虽然无法完全避免犯规行为，但心中已然开始敬畏规则……

教师反思：

在经历了一次次的犯规、讨论与行动后，孩子们最终想到利用外力帮助自己控制行为、遵守规则。虽然孩子们还未能做到主动遵守规则，但我想，规则已经深深扎根在孩子们的心中，也一定会深刻地作用着孩子们今后的生活、游戏与学习。

教师感悟：

遵守规则是孩子们社会学习中十分重要的内容与板块。在以往的生活中，教师总是将守规、自律看作是完美标签，而忽略了孩子们对规则的认知、吸收与内化其实需要心理的认同、深刻的体验与真挚的感悟。正如这些足球小将一样，倘若没有自由开放的球赛体验、没有违反规则后的相互指责，没有情绪起伏的自我反思，没有反思后的决心改变，或许，规则可能只是一纸文字，无法真正走进孩子的内心，在孩子的心中生根发芽。相信这群可爱的足球小将能带着这次球赛的特别经历，在不断成长的道路上不断敬畏规则、理解规则、遵守规则！

当儿童遇见古诗词

故事缘起：

最近班级的孩子特别爱诵读古诗，时不时地就要跟好朋友吟上几句。"春眠不觉晓""离离原上草""手可摘星辰""云深不知处"……听着孩子们此起彼伏、不绝于耳的诵读声，我想，孩子们之所以会诵读古诗，无非出于家长的教授，他们哪会真的懂得诗词？就这样，我对大家喜欢诵读古诗这件事并没有给予过多的关注。

直到一日，小尹与我闲聊她在晨间活动时画的一幅画："老师，你看！我画的是敕勒歌。'天苍苍野茫茫，风吹草低见牛羊'"我听着她的吟诵声，认真地欣赏着这幅画。简单的构图竟生动地描绘出草原的旷野和牛羊的自在，我不禁惊叹小尹对诗词的感知力，与此同时，也对孩子们心中的诗词世界产生了一探究竟的悸动。古诗在孩子们心里到底是什么？孩子们现在对古诗已经积累了多少？他们真的喜欢古诗词吗？如果喜欢，又是为何喜欢呢？

故事一：诗词里的远方

班级里的漫聊小屋里，晞晞和几个小朋友聊起了诗词中的"地名"，他说："我去过庐山，看过李白写的庐山的瀑布。"他的话让大家惊讶不已，大家纷纷围了过来，质疑道："李白是很久以前的人，你怎么可能看到他看到的东西？你吹牛！"另一些小朋友则说："庐山一直都在的，李白看过庐山，李白死了，庐山又不会死掉，有也没什么奇怪的。"还有一些小朋友拿不准主意："那现在的庐山就是李白看到的庐山吗？"孩子们继续脑洞大开地讨论着：从地球的年龄，到时代变迁而风景依旧，再到古诗中的地名。乐乐突然说："我很好奇诗人都去过什么地方。"

晓旭："嗯……古诗里有地名的应该就是诗人去过的地方。比如望洞庭、登鹳雀楼、姑苏城外寒山寺。"

彤彤："哇！这么多地方，都在哪里呢？我也想去。"

逸逸："这些地方在地图上找得到吗？我们做个地图把诗词里的地点标出来，我们就能看到，诗人们都走过哪些地方了。"

逸逸提出在地图上找古诗里出现的地点这一想法，引发了同伴们的兴趣。大家对古诗里诗人提到的地方和领略过的风景产生强烈好奇，从而想到在地图上标注古诗中的地点，去重温诗人走过的道路。

教师反思：

从孩子们在漫聊小屋中的闲聊，我们可以看出：古诗词虽远离幼儿的生活，但却以特别的、个性化的方式吸引着幼儿。"庐山"的存在引发了大家的热烈讨论，更带动了孩子们对古诗词中不同地点的探索。从诗词出发到地图检索，孩子们正跟随着诗人们开启诗词中隐藏着的另一个世界，而我似乎也开始对诗词、对孩子们的探索之旅有了越来越浓厚的兴致。

故事二：诗词带你去旅行

孩子们找来地图，把他们所知道的带有地名的古诗画在小卡片上，并贴在地图相应的省份。子程看着地图上杂乱无章的诗词卡片抱怨道："这样用卡片贴，太占地方了。我见过一种地图，是像一个盘子一样的，上面是插小旗子来标注地点的。我们把诗词做成小旗子，插在那种地图上，这样更方便。"一番行动之后，孩子们兴致勃勃地拿着小旗子来到新的地图前。

"庐山去过，是在江西省"。

"可是黄鹤楼在哪里呢？"

"姑苏城外寒山寺又在哪里？"

一连串的问号，让孩子们一时不知所措。一番讨论无果后，孩子们决定求助外援：问问爸爸妈妈等长辈，或者求助智能语音音箱。

在接下来的两天孩子们总在地图前比划着，家中的活动重心也与地图相关。有的在家仔细地观察了中国地图；有的和父母玩了地图拼图的游戏；小尹还从家里带来了智能语音音箱"小爱同学"放置在语言区。期间，我看到孩子们不断地更新对中国地图的认知与了解。他们带着自己的古诗小旗来到班级，找准了与诗词对应的各个省份的板块，常常一边把诗词小旗插上地图，一边诵读着相应的诗句。

教师反思：

在寻找诗词中的远方时，孩子们遇到了绘制地图、地点不明等问题。但在此过程中，我并没有看到孩子们因此退缩或放弃，而是以各种各样的方式去解决问题、扩新认知。可见，"诗词带我去旅行"在联接孩子生活经验与诗词本身的同时，更让孩子们发觉了诗词的有趣、有味。

故事三：我们的飞花令

诗词地图绘制完成后，孩子们总喜欢在地图面前驻足、交谈。随着《中国诗词大会》的热播，孩子们三三两两聚在班级门口的"百变话廊"上聊起了"飞花令"。

依彤："中国诗词大会里面的飞花令特别精彩，谁玩到最后谁就赢。""飞花令！""飞花令？"有些孩子没听说过也凑了过来。

"老师，飞花令怎么玩呢？"

"飞花令是根据一个字来读出带有那个字的古诗，比比谁读得多。"

亦含："这好办，我们比谁读的带地方的诗歌多呗！"说着自顾自地读起了《望庐山瀑布》。陈沐也不甘落后地读《望洞庭》。此起彼伏的声音迎来阵阵喝彩。最后亦含以 6 首的成绩获胜。陈沐的眼泪在眼眶里打转，不甘心地说："刚才是你定的要读地名的古诗，我们还可以带植物的，或者别的，你不一定会再赢的。"

我走过去，安慰道："其实你已经很棒了，懂得这么多关于地名的古诗。其实古诗不只有关于地方的，就像你说的还有植物、动物的呢。"周围的孩子们也附和道："是的，还有关于心情的、季节的，很多呢。"

胜利的亦含也没有沾沾自喜，他提出了一个他觉得相对公平的玩法：抽签选飞花令的主题。孩子们也都纷纷表示可行。所以孩子们在语言区陆续画了些小卡片，关于季节、植物、动物、心情、景色等投入到自制的飞花令盲盒中。在自由活动和区域活动的时候，他们抽盲盒玩飞花令，玩得不亦乐乎。

教师反思：

以诗词地图为载体的飞花令游戏无疑再次鼓舞了孩子们学习古诗。飞花令的主题从地名到季节、植物、动物、关键字等等，都无不诠释着他们对古诗的热爱，让教师看到孩子们古诗积累的拓展与运用。

故事四：爱我诗词大会

孩子们发现大二班也有很浓厚的诗词氛围。大二班的孩子们总在午睡前放上好听的古筝曲子，吟诵几首古诗，在舒缓而轻松的氛围中进入寝室。对此，孩子们颇有种遇上知音的感觉。

晗晗："老师，我们可以和二班的小朋友一起来一场诗词大会吗？我们五班和二班一起举行，就是'二五'诗词大会，听起来就像'爱我'诗词大会！"晗晗的提议顿时赢得大家赞同，大家纷纷举手表示自己也愿意加入游戏。

这么有趣又高人气的游戏，我肯定是支持和期待的，同时我对孩子们提出疑问："你们想怎么玩这个游戏呢？"

"我们可以把古诗画出来,让对方猜一猜,画上的是哪一首诗。"

"我们可以把诗的一句藏起来,看看谁最先找到它。"

对此有的孩子提出了疑问:"诗句要怎么藏呀?"

"请老师把诗打印出来,把要藏的那一句剪下来,再藏起来就行啦!"

最后孩子们决定保留经典活动"飞花令",并另外增设"觅字寻诗"和"赏画吟诗"两个游戏。游戏地点选择在小花园,因为孩子们经常在那里玩捉迷藏,有很多地方可以藏。游戏项目和规则在经过一番讨论之后渐渐初具雏形。

教师反思:

大二班的小朋友欣然同意,并热烈响应,一场名为"二五"爱我诗词大会的活动在幼儿园的小花园里拉开帷幕。这场跨班级的诗词大会是孩子们对诗词感受和学习的真实反馈。在孩子们想法的提出到策划与调整过程中,教师及时改观自己对他们的认知,扮演好支持者和引导者的角色,才能助力孩子们实现梦想。

教师感悟:

当儿童遇见古诗词,不是机械的识记与背诵,也不是空洞的观感与理解,在他们眼里,古诗是有画面、有温度的,是古人与他们一次次的对话。一首古诗,百种想法,千种解读,万种表达。孩子们的精彩吟诵改变了教师认知,教师的改观与支持又让孩子的诗词世界得以丰富。希望孩子们能够永葆对诗词的这份热忱与爱,并在古诗词中收获更多的养分与力量。

玩具不见了

故事缘起：

一天，小朋友们发现班级唯一的一套彩泥工具丢失了，"区域活动的时候明明还在的！"坐在美工区一组的小朋友郁闷地说。

于是，所有的小朋友开启侦探模式，地毯式搜索丢失的彩泥工具。

"在林翊杭的作品袋里！"朱睿萱激动地尖叫起来，声音让原本喧闹的美工室瞬间安静了下来。

果真，绿色的作品袋里明晃晃地躺着消失的彩泥工具。

这已经不是林翊杭第一次拿幼儿园的东西了，每一次被批评教育后林翊杭总是向我保证"下次不会了"。可，每一次的教育成效似乎都微乎极微，让我感到心有余而力不足。虽然，我知道幼儿毕竟还小，这种行为当然不能理解为"偷"，但是，面对这样"一而再，再而三"的行为，我还能有什么办法呢？

"是林翊杭偷的！"朱睿萱撅着嘴皱着眉理直气壮地对林翊杭说着。

99

"对,是林翊杭偷的!"胡家烨毫不客气地用手指着林翊杭附和道。

"我们去跟林老师说!"其他小朋友也跟着纷纷指责林翊杭。

我的脑海里正在快速地搜索着各种教育方法的"信号",突然听见林翊杭轻轻地说了一声:"不是!我没有!我只是借一下。"他居然开始狡辩。

故事一:"偷"还是"借"?

我默默观察,认真倾听,想给孩子充足的时间来聊一聊。

朱睿萱有些不服气地反驳道:"你都没跟老师说!"

"不能自己拿走玩具!"刘怡岑顺着朱睿萱的话补充说道。

"自己偷偷带回去是不对的!"陈羽馨随之也加入了聊天的队伍。

"他刚刚都没有说就拿走了。"胡家烨有些无奈,双手手心向上摊开微耸肩膀地对同伴们说道。

"借要跟大家说!"陈羽馨提了提嗓子,更大声地对同伴们喊道。

胡家烨似乎有些生气,身体前倾冲着林翊杭大声地说:"要跟老师说了才能借!"

……

教师反思:

静静倾听他们这场关于"偷"和"借"的聊天,我发现:孩子们渐渐地有了明辨是非的能力,很多时候,孩子需要的或许不是我们成人给予的认知层面的答案,他们会在与同伴的闲聊中,慢慢修正自己的认知,并逐渐形成关于是非对错的衡量尺度。

故事二:什么是"借"?

"那到底什么是借呢?"我顺着孩子们话题与他们进行闲聊,启发他们对于"借"的认知。

林一鸣思考了片刻说道:"借东西就是带回家,等明天带回来。"

一旁的郭若兮用十分肯定的口吻说:"借东西要先征得东西的主人同意才

能拿，然后明天还回来。"

郭黄欣附和道："借东西和偷东西不一样，借东西是拿回去了还要还回来的，偷东西就是别人不知道的时候拿走了，也没有还。"

李荔欣拉着我的手说："借东西的话是光明正大的，偷东西的话是偷偷地去拿。"

胡家烨歪着脑袋表达自己的想法，说道："如果你喜欢这个东西，你跟人家说一下，他们就会借给你！"

林一鸣似乎不太同意胡家烨的观点，反驳道："不行不行，有些东西人家也不肯借。"

朱睿萱感同身受附和道："嗯！要跟好朋友商量才行。"

一旁的范泽毅摇了摇头补充道："别人不同意借就不能偷偷拿。"

……

教师反思：

从孩子们的闲聊中，可以发现他们已经具有初步的"界限感"，孩子间通过一次交流把关于"借东西"的初步概念不断完善与深化，懂得借东西须征得别人的同意，还要记得归还。但这仅仅只是孩子口头间的沟通交流，对于"借"的概念还是较为粗浅而模糊的。是否教师可以通过闲聊，启发幼儿实践来进一步树立孩子们对"偷"与"借"的概念？

故事三：想"借"的东西有什么？

如果喜欢的东西就能借到？"你们想去借什么？"顺着孩子们想要聊的话题，我继续加入他们的这场聊天。

黄佳煜摇晃着小脑袋说道："我想去超市借泡泡糖！"

范泽毅激动地对我说："我想借陈泓静的小兔子。"

刘怡岑眯着眼，微笑地冲同伴们说道："我想去小一班借陀螺。"

朱睿萱顺着刘怡岑的话，紧接着说道："我想去小三班借彩泥。"

"我想去超市借玩具！"胡家烨咧着嘴笑着说。

……

我鼓励孩子们带着自己的想法开始尝试自己借物。他们是否能借到自己想借的物品呢？

故事四：借一借

商店：第一组出发借物之旅的小朋友选择去超市里借一借。

黄佳煜指着收银台前的泡泡糖问收银员："这个可以借吗？"面对孩子有些荒诞的问题，收银员困惑地说道："这个不能借。"黄佳煜继续刨根问底道："为什么？"收银员被孩子的问题逗笑了，回答道："没有为什么，这个要用钱买才可以。"

黄梓帅则拿着一包糖果走到收银台前，小声地问："阿姨，这个可以借给我吗？"收银员面对孩子的"借"商品的行为，首先感到疑惑，接着回答道："商店里的东西要买的，不能借。"

定义为售卖的商品是否能够借？最终，几位孩子在超市里的借一借都以失败告终。

幼儿园：区域活动开始了，朱睿萱等几个小朋友也开始了行动——向隔壁班的小朋友借玩具。

李荔欣在区域活动的时间来到小一班，礼貌地向小一班语言区的小朋友问道："你们班的点读笔可以借给我吗？"小一班的小朋友有些为难地说："我们现在看书也要用，等下借给你。"

刘怡岑满心欢喜跑去小三班借陀螺，但她也碰到了李荔欣一样的问题，小三班的小朋友也正在玩陀螺。于是她想了想，将班级里的跳跳棋拿去跟他们换陀螺。经过协商，她成功借到了陀螺。

唐若芯想要去小三班借一些紫色彩泥，只可惜小三班的紫色彩泥也只剩下一点点了。最终，她只借到了一些天蓝色的彩泥。

……

朋友家：有些孩子和同学借，有些孩子在家长的带领下，尝试着去同小区的好朋友家里借玩具。

郑昕彤想要唐若芯的恐龙玩具，她用商量的口吻，问唐若芯："可以把你的恐龙玩具借给我吗？"唐若芯十分爽快地说："可以借给你，你玩完了，记得还给我。"郑昕彤与她约定道："玩两天，就还给你。"

林翊杭想要借任子逸的汪汪队玩具，他打电话给任子逸说："任子逸，可以把你的汪汪队玩具借给我吗？""这是我爸爸刚给我买的，我也想玩，我都没玩够呢，要不我把我的彩泥借给你玩？"任子逸回道。林翊杭有些不情愿继续说道："你就借我玩一天，明天还给你！"任子逸犹豫了一会儿道："要不你到我家跟我一起玩吧！"在得到家长的许可后，林翊杭总算是玩到了心心念念的汪汪队玩具。

教师小结：

借之前想法很丰满，借之后现实很骨感。聊天时，孩子对自己的想法存有各种"美好"愿景，实践后，孩子们遭遇了各种"碰壁"和"曲折"。这些经历算是给孩子们上了生动的一课，让孩子们明白：生活中有些规则需要大家共同遵守。

故事四：班级里的玩具怎么借？

之后几天，"借东西"的话题热度依旧不减。"那我们班级自己小朋友带来的玩具可以借回家玩吗？"话题似乎又回到了原点，可是这群小家伙们有了新的答案：

"可以呀，那是我们班自己的东西。"

"还是要和老师讲一下。"

"借玩具的时候要叫老师记下来。"

"明天要记得拿来还给老师！"

……

有了之前的实践，这一次孩子们便底气十足、你一言我一语地开始讨论自己的计划。倾听了孩子们的想法后，我决定支持他们的行动。

孩子们在借到自己心仪的玩具之后，纷纷把玩具带回家，但是问题很快就来了。第二天，好几个小朋友忘记带昨天借的玩具来幼儿园。

唐若芯低着头说道："是我妹妹拿了我的魔尺。"

林一鸣用充满歉意的眼睛看着我说道："老师我忘记带了。"

林翊杭小声地嘟囔道："我也忘记把望远镜带来了。"

其他的孩子听后不满意地冲他们喊道："我们都没玩具玩了！"

之后的几天，仍然有好多小朋友忘记还玩具，班级的玩具也愈来愈少。面对这一情况，这一次孩子们自然而然地在班级的语言区围坐在一起，开启了新一轮的闲聊。

陈一诺站在忘记带玩具的几个孩子前，似乎有些责备地说道："忘记带，以后就不借给你们了。"

郭若兮热心地提议："可以请妈妈晚上把玩具放在鞋柜上，这样就不会忘记了。"

陈羽馨严肃地说道："如果忘记了，就不能借了。"

郑衍宸在一旁补充道："要爱护好我们班的玩具！"

听着孩子们的聊天，在理解了他们的想法之后，我顺着他们的话，加入了这场闲聊。补充说道："刚才有的人说，忘记带了就不能再借；也有小朋友说，可以每天睡前把玩具提前放在鞋柜；也有的说……有什么办法可以把这些约定都记录下来？"

"画下来！"孩子们异口同声地回答道。

>>> 和孩子们一起幸福地过日子：温暖的师幼闲聊

最终孩子们将约定利用绘画的形式记录下来并严格遵守。

在之后的一段日子里，孩子们的借物活动都在如火如荼地开展着，他们也渐渐地懂得按自己的约定，商量借、准时还。"林翊杭偷东西"的话题也渐渐淡出了孩子们的话题圈……

教师反思：

一件原本不那么美好的事情，在孩子们的一次次闲聊与行动中变成了"好事情"。林翊杭小朋友从最初的"屡教不改"到后来"诚实守规",完成了一次完美蜕变,这是他在孩子们共同构筑的"小社会"中,通过一次次的思辨、实践、失败、完善,行为最终得以修正的结果。

教师感悟:

围绕着"借"的话题,师幼间的闲聊并非瞎聊,也并非目的性极强的谈话。闲聊过程中,教师启发性的言语,让幼儿的思维认知在互动中不断碰撞,进而生长出对生活、游戏、学习更全面、更深入的思考。

与孩子们一次次的闲聊,教师再次深深地感触幼儿是有思想、有情感、独立的个体。很庆幸一开始,教师并未以权威自居,去强迫或压制幼儿的表达需求与表达内容。如果一开始选择告知并教育幼儿"偷"与"借"的定义,将会弱化了幼儿的求知欲和想象力,阻碍幼儿提高独立辩证思考的能力。所以在发现问题的同时,教师要逐渐学会抓住其中的教育契机,推进性开展对话,巧妙地将问题的"球"抛给儿童。对于"借"与"偷",幼儿起初的态度是漫不经心,通过经历主动与老师同伴讨论借物的想法后,并开始尝试借物;最终,在经历一次次的思辨、实践、失败、成功,他们得出属于自己的认知!

口罩风波

故事缘起:

小朋友们每天都佩戴着小恐龙、奥特曼、公主等不同图案的口罩,而这些印花口罩似乎成了当下的时尚,总是吸引着小朋友发起闲聊:"你看我的口罩是小熊的。""我的是宇宙飞船的。""她的口罩是爱莎的,好漂亮!"

故事一:口罩怎么变样了?

一天放学,泽泽妈在接泽泽放学的时候显得有些吃惊,只见她皱着眉头问孩子:"你早上戴的口罩不是白色的吗?现在怎么变成了粉色?"在妈妈的追问下,这才知道是泽泽跟陈汐进行了口罩的交换。之后,泽泽妈找我交流了她的顾虑:"要是孩子总是戴着别人用过的口罩,那多不卫生!"是呀,毕竟小班的孩子本身免疫力和自我保护的意识都比较弱,万一引发感冒的交叉感染可就麻烦了。因此,孩子们交换口罩的行为一时间让我感到紧张和烦恼。

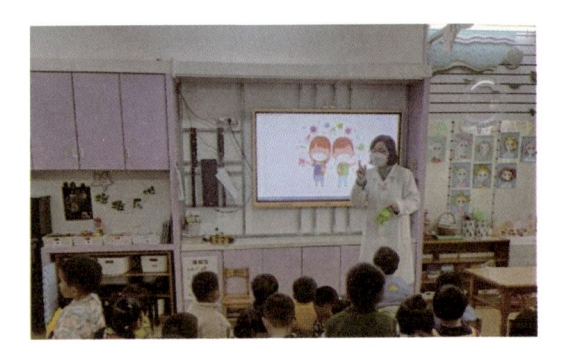

第二天,我请来保健医生给孩子们科普口罩卫生的知识,希望能够制止孩子们交换口罩的行为。本以为小班的孩子会马上学以致用,可在接下来的几天,孩子们在晨间入园、点心环节、放学排队时依旧会窃窃私语,秘密行动。

"到底该怎么办呢?"这可让我犯了难。

晨间入园 　　　　　点心环节 　　　　　　放学排队

故事二：哇，这么多口罩！

孩子们交换口罩的行为也被班级其他家长关注到：婧涵妈妈在帮婧涵整理书包的时候发现了书包里居然有 5 个别人的口罩，在询问下，婧涵一一说出是谁给她的，而婧涵也提出要准备几个口罩送给她的朋友们。借由口罩，妈妈仿佛看到女儿在班里"八面玲珑"的好人缘，随即开心地晒起了朋友圈。

教师反思：

教师应常备敏感力，这样对孩子的理解不仅可以从孩子的言行举止，也能从家长的言谈获得。教师从婧涵妈妈的朋友圈出发，重新思考口罩的交换问题并反问自己："孩子们之间交换口罩的原因究竟是什么？是否隐含着小班正在萌芽的交往力？"转换思维后，将关注的焦点从交换的事情中抽离出来，转而去探寻交换口罩背后的教育契机。

故事三：装在口罩里的秘密

于是，我调整了自己的心态，顺着大家对于口罩的兴趣，主动发起了和孩子们之间的闲聊。

老师："你们为什么要跟别人换口罩呢？"

许林染抢着说："我喜欢漪诺的钻石图案，她就给我了一个，我也给他一个。"

彭语汐陶醉地说："润欣的公主口罩好漂亮，我太喜欢了！"

孙艺雯兴奋地说："这样我有自己的口罩，也有别人的，就有几种不同图案的口罩啦！"

老师赞同地点点头："没错没错，能有这么多不同的口罩可真酷！"

凯凯说："佩言给我一个口罩，我就和他做朋友啦。"

蔡婧涵说："因为我和我们西瓜组的小朋友都是好朋友呀！"

王子萱笑嘻嘻地补充说："换来换去很好玩的！"

教师反思：

透过闲聊过程中的倾听与提问，教师真正感受到孩子们对口罩的喜爱，也了解到孩子们交换口罩背后的原因：他们多数是因为被口罩本身的图案吸引而交换。部分孩子的交换与他和同伴关系的熟悉程度有关，少数是因为在交换过程中有着美好的情感体验。无论哪一种交换都是孩子们之间"悦纳"及心理满足的表现。这种交换行为，也是小班交往能力的萌芽。

故事四：小口罩，大朋友！

那次闲聊过后，我不再制止孩子们之间的交换行为，转而和孩子讨论并商量出用独立包装的口罩进行交换的办法。

此后几天，我发现在全班 36 个孩子当中，大概有一半的孩子有交换行为，那些性格开朗、适应能力较强的孩子之间会主动进行互动与交换，交换给他们带来了满满的开心与愉悦。而性格内向、腼腆的孩子却迟迟没有交换的行为，比如，飞霏在其他孩子频繁交换口罩的那几天，她似乎总是无法参与其中，心情十分低落。

看着飞霏最近常在"我的心情色彩"上挂上蓝色心情，我决定和飞霏聊一聊。

老师："飞霏，最近你的心情色彩总是蓝色的，能说说是因为什么事吗？"

飞霏："嗯……都没有人跟我交换，大家都不喜欢我！"

我拉起飞霏的小手，和蔼地说："原来是这样，飞霏一定很想得到好朋友的口罩，对吗？"

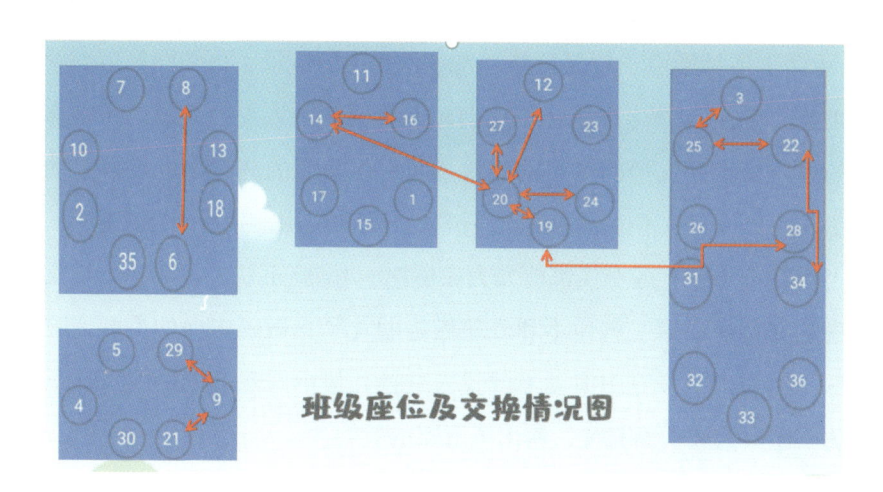

班级座位及交换情况图

飞霏坚定地点点头。

老师："我们的飞霏这么可爱，大家一定都很喜欢你。"

教师反思：

对于小班孩子来说，很多孩子还存在着交往适应不良的问题，通过与个体之间的闲聊，教师发现了不同个性的幼儿对于口罩交换有不同的渴望与期待，作为教师，需要孩子提供更多自主交往的机会和氛围，并引导幼儿学习基本的交往技能。借此机会，我决定，以口罩为介，让孩子们去认识、熟悉更多的同伴，让一些交往能力较好的孩子去带动平时羞涩、不善交流的孩子，让他们也尝试着表达，体验交往快乐。

故事五：口罩交换趴

于是，我和孩子们商量并约定进行一次全班的口罩交换活动。

口罩交换现场，蔡一铭近水楼台先得月，很快就跟隔壁组的黄泊安交换成功，他脸上洋溢着成功的笑容；凯凯一次没成功就继续寻找下个新目标；肖芷先用自己的口罩和思琦交换，兜了一圈，看到骁艺的口罩好像更不错，就用换到的口罩又跟骁艺做了交换；（以物代物）艺雯因为口罩换完了，用一颗糖果与朱妍轶成功地做了交换，她喜悦地同我分享，我不禁赞叹她的机智；（口头承诺）许林染由于口罩不够，先获得同伴的口罩，再和同伴口头约定第二天再给同伴；（深情专一）小调皮羽超假装要和别人交换，最终还是和他最要好的语汐交换。安静的飞霏也活跃了起来，羞涩的林弈远也难得主动踏出了找朋友的步伐，从懵圈状态到人间清醒，现学现用，找到同伴交换。

当然并不是所有的交换都能如大家所愿。"翻脸不认人"的林子晔没有得到瑾瑜的奥特曼口罩，就说不和瑾瑜做好朋友了；敏感内向的昊熙，脸上挂着泪珠，因为口罩没有图案而不敢找人交换，最后在热心的语汐带动下，交换成功。昊熙因成功而喜悦，露出了腼腆的笑容。

教师反思：

全班流动性的口罩交换活动，对孩子来说是一种新的体验，我看到孩子之间的互动更多了，交流圈比平时更广了，不再局限于平时的小圈子，比如，不再局限于自己的同桌。在交换活动中，幼儿自主选择交换对象、学习沟通技巧，这些行为促进了幼儿主动、大胆表达的能力，让其获得被同伴认可的自信，尝到成功的滋味，享受各自的心理满足的同时，也初步感受到自由交往的乐趣。同时在活动中，教师也清晰地看到小班孩子不同的交往水平和方式，我们将以此为起点，尊重幼儿不同的发展水平，去欣赏并促进、接纳并追随不同的幼儿，让每个孩子都能在自己的成长轨道里不断饱满。

教师感悟：

一枚小小的口罩对于小班的孩子来说藏着积极的意义，它不仅仅只是一种交换，更是交往发展的雏形。同时，我也明白一次的互换活动是不可能解决所有的交往问题，它只是孩子人际交往之路的一块基石。期待这些稚嫩的生命能不断主动挖掘更多更好玩的交换活动，不断解锁完善交往的技能。

作为一名教师，回顾口罩风波的整个过程，我深深地感受到师幼闲聊在其中发挥的重要作用。闲聊让我能够放下焦虑偏见，真正走进孩子，了解他们行为的背后原因；闲聊让我能够在集体中关注个体，比如，体会不同孩子对交换口罩的担心，帮助个体内向的孩子建立信心。闲聊让我在陪伴孩子的过程中，会更好地用辩证思维去思考问题，得到这单一行动之外灿烂丰富的五彩儿童。

你好呀，朋友

故事缘起：

每一年的9月总是幼儿园最热闹的日子，新生入园的哭闹声总是响彻四周。如何帮助孩子们顺利地适应幼儿园的生活呢？入学前，一次在微信群聊天，我偶然地分享了班级自然角中芦丁鸡的家，出乎意料的是，孩子们竟对这"陌生的新朋友"展开了热烈的讨论。

故事一：新的朋友

我把一张别墅小屋的照片发布在班级群里，尝试着和孩子们在群里聊天。

老师："小朋友们，猜猜这是谁的家？"

孩子们积极地在群里聊着对别墅小屋主人的猜想：

"是仓鼠吗？"

"小兔！"

"应该是小鸡吧"

……

孩子们各种猜测，答案五花八门。

"明天再宣布答案哦！"我故作神秘地卖了个小关子。

115

第二天，孩子们和爸爸妈妈，早早就在群里集合。

"老师，快告诉我们答案！"

于是，我把另一条芦丁鸡在别墅小屋里自由撒欢的视频发布在微信群里。瞬间，群里就像炸了锅似的，传来了阵阵稚嫩的童声。

"是芦丁鸡。"家里有养芦丁鸡的沐橙小朋友一语中的。

"芦丁鸡好可爱。"

"我喜欢芦丁鸡。"

"我要和芦丁鸡做朋友！"

"老师，芦丁鸡在哪里呢？我好想见到它！"

我说："别着急，芦丁鸡在幼儿园等着你们呢！"

教师反思：

微信群的闲聊，把孩子们的注意力转移到新鲜事物芦丁鸡上，减缓了他们对新环境的陌生感。孩子们和芦丁鸡开启一段相互探寻、交朋友的奇幻之旅，可以为他们更快地构建彼此信任、交流的环境。

故事二：我也想看芦丁鸡

开学啦，哇，今年的 9 月和往年大不相同，很多孩子都能不哭不闹地上幼儿园。只是进入班级以后，总能发现他们睁着一双好奇的眼睛，四处张望着。原来，他们有着自己的小牵挂——芦丁鸡。

每天早晨，芦丁鸡的小别墅前都会围着一群娃。

"芦丁鸡，你好呀！"

"看，芦丁鸡跑起来喽！"

"芦丁鸡怎么睡了？"

孩子们热衷于和芦丁鸡的对话，但很少同身边的小朋友交流。为了保证能够有足够的地盘看到芦丁鸡，他们相互拥挤着并着急地喊："老师，我看不到！""人好多呀，我也想看！"……看不到芦丁鸡的睿宇跑来向我求助。

"你可以跟小朋友说一说，看能不能让一个位置给你呀？"我向睿宇建议。

听了我的建议，睿宇看向同伴，并没有语言的示意，只是用肢体与眼神表达了自己的目的。这小小的方寸之地竟成为孩子们交往的自然场景，它是否能成为打破孩子们之间陌生感的窗口？我在心中暗自期待。

教师反思：

在开学不久的幼儿园生活中，自然角的芦丁鸡已经成为孩子们入园上学的牵挂，与此同时，我们似乎也明显地发现了小班孩子的"两难"情绪，他们既想在拥挤的人群中看到心心念念的芦丁鸡，又因与同伴之间还比较陌生，不敢表达自己的意愿与请求。虽然此时的孩子多停留在肢体与眼神的交流，但不得不承认，他们已经开始关注群体中的同伴。

故事三：一起看芦丁鸡的朋友

一段时间后，我常看到彦霖和睿宇坐在自然角的雅趣小座上，愉快地和芦丁鸡聊天：

"快吃快吃，把饭饭都吃光。"

"你看，芦丁鸡在看我们，它肯定是想出来跟我们一起玩啦！""出来？那我可抓不住！""哈哈哈哈哈……"

和芦丁鸡的聊天让两个孩子逐渐熟络了起来，他们还因芦丁鸡结下了

友情。

几天后，睿宇突然问我："老师，我的朋友呢？"

原来，由于感冒，彦霖已经连着几天没来上幼儿园了。"谁？"我故作疑惑，"谁是你的朋友？"

"吴彦霖呀，吴彦霖是我的朋友。"睿宇重复了两次。

"你好厉害呀，这么快就有了自己的好朋友！"

睿宇略显神气地说："对呀，他是和我一起看芦丁鸡的朋友！"

"老师，吴彦霖什么时候来？"空闲时间，睿宇又追着我问。

教师反思：

芦丁鸡作为孩子们都很喜爱的小动物无形中打开了孩子们的话匣子，在和芦丁鸡闲聊、逗趣的过程中，孩子间陌生的氛围似乎渐渐消散，变得轻松、熟络。此时的芦丁鸡对于孩子们来说，不单单代表可爱、新奇与好玩，更是自己结交新朋友的纽带。比如睿宇和彦霖，短短几天，其他孩子还叫不出其他人的名字的情况下，他们两人已经在芦丁鸡的牵引下自发结伴成为朋友。

故事四：一起午睡吧！

一天中午，孩子们照常围观在芦丁鸡的家门口，我也跟着凑了上去。

"哇！芦丁鸡家里这个圆圆的草窝是干什么呀？"我故作好奇地问。

"芦丁鸡跑累了要进来睡觉觉！""就像我的小床一样，软软的！"睿宇边说边用手比划着。

"是呀是呀，芦丁鸡喜欢幼儿园，要在幼儿园的床上睡觉，你们想不想跟芦丁鸡一起在幼儿园午睡呀？"我顺着孩子们的回答继续问道。

"嗯？是像芦丁鸡一样吗？"睿宇又问道。

"对呀！对呀！你们可以跟自己的好朋友一起睡呀，就像结伴看芦丁鸡的时候！"

几个孩子听到可以跟看芦丁鸡的好朋友一起睡，各自欢喜得不行，睿宇迅速转身找到吴彦霖，并约定好一起午睡。

"宝贝们，芦丁鸡已经爬进温暖的小窝准备睡觉喽，你们准备好了吗？"我轻声问道。

"我要像芦丁鸡一样乖乖睡觉！""小声一点，太大声，芦丁鸡会被吵醒的哦！"同伴还会互相提醒。

教师反思：

在幼儿园午睡向来是小班生活的大难题，孩子们再次面临陌生的环境好不容易建立起的安全感、适应感和有序感往往因午睡被打破。教师注意到，孩子们密切关注芦丁鸡的生活和一举一动，他们想跟芦丁鸡一起生活，甚至想跟芦丁鸡做一样的事，芦丁鸡睡觉在孩子们的眼中也是有趣而新奇的。教师把握住"孩子们在闲聊芦丁鸡睡觉，对午睡环节产生憧憬"这一契机，借助孩子们对芦丁鸡的喜爱，通过找床友、认领小窝等方式，不断弱化陌生睡眠环境及在园时间拉长带来的不适感，再次巩固孩子们之间的友谊，帮助了孩子们进一步适应幼儿园生活。

教师感悟：

小班的孩子从家庭走向幼儿园，对于他们而言，需要力量与勇气，那么，这些力量与勇气从何而来？我想，一定是基于教师对孩子的稚嫩心灵的敏感与爱护。芦丁鸡这个新朋友的出现，让孩子对幼儿园有了情感上的牵挂，成为孩子适应幼儿园生活的重要一部分。希望孩子们能够不断感受幼儿园的美好，因为美好不仅来自芦丁鸡，还会来自身边的每一个他（她）！

作为教师，我在与孩子们相处的过程中不断成长，更深刻地体会到教育不止是在条条框框的文字里，还要落在每一个孩子的心上。我们要理解孩子，站在孩子们的角度思考问题；和孩子们一起聊天，去探索这个世界。让孩子们感受到尊重和喜爱，只有孩子更能表达自己的想法，我们才算真正与孩子们相互奔赴。

第四章　闲聊中的微趣故事

在幼儿园的生活中，师幼闲聊无处不在，他们可能发生在活动室、自然角、寝室、走廊，也可能发生户外的游戏场，不论在哪儿，总能感受到师幼间最自然、最生动、最鲜活的互动，他们互相信任、彼此尊重、用真情实意的爱铸就师幼间的浪漫与幸福成长。

老师的白头发

一天吃过点心，我坐在一旁和孩子们一起阅读，这时，因调皮而总不让老师省心的小沣在我不远处走动。我习惯性地用余光时不时地偷偷跟踪他，生怕他今天又惹祸。

没想到，他走了过来，看了看坐在小椅子上的我，突然惊讶地大叫："老师，你——你的头上怎么有白头发？"

我说："真的吗？唉，老师要变老了。"

小沣眨着大眼睛，突然，似乎明白了些什么，低下头，摸着我的手，嘟着嘴自责地说："老师，是不是我平常太调皮，天天气你，你才长这么多白头发的？"

小沣说着，就在我的头上翻数起来，看着我有点伤心，一向调皮的小沣突然低下头，有些自责。这时，其他孩子听到小沣和我之间的聊天，也围了过来。

小吉说："肯定是你，上次你还故意用笔在墙上乱画，惹老师生气！"

涛涛说："对对对，每次你都抢玩具，很霸道，老师说了你很多次，总记不住。哼！就是你把老师的头发气白了！"

小沣十分不好意思了，说："老师，对不起，以后我不气你了，不调皮了。你坐好，我帮你把白头发拔掉，拔掉白头发，你就不老了。"

他用小手按了我一下，示意我低下头，于是小心翼翼地为我拔起白发来。

小沣："老师，疼吗？我轻轻地拔，不会疼。"还不时安慰："老师你不要伤心，拔掉白头发你就不老了。"

小沣暖心的举动深深地触动了我。没想到一向调皮的他，却因发现我的白头而发生转变，变得体贴、暖心。这时，孩子们都紧紧地靠着我。

小吉："老师，我妈妈头上也有白头发，有白头发不一定是老了，不要伤心哦。"

小怡："老师，你天天把长头发歪歪地梳，编个麻花辫放在一边，就像冰雪奇缘的公主一样，你是公主，公主是不会变老的。"

小沣："老师，你天天穿漂亮的裙子，就会不老了。"

这一段不经意的闲聊令我深受感动，没想到懵懵懂懂的孩子，却能从细微处关心老师，并尝试用自己认为最好的语言来安慰老师。此时，深受孩子们关心、疼爱与呵护的我，感受到幸福感满满，暖流汇集于心，那种心灵的悸动胜过获得任何级别的奖杯。

我也要个有爱的"画"

孩子们第一次在幼儿园做体检，有些担心和焦虑。面对一点点缩短的检测队伍，孩子们都露出担忧的眼神，尤其是嘟嘟，她紧紧地拉着我的衣角。

嘟嘟："老师，医生是怎么检测的？"

老师："我们一起来看看，医生究竟是把什么伸进喉咙呢？"

嘟嘟："去医院看病的时候，医生也会用那种像冰淇淋棍子一样的小棒压着我的舌头。"

孜孜："不对，医生用的可是棉签，就是我们美工区画画的那种棉签！"

"啊，难道医生是要在我们嘴巴里画画吗？"嘟嘟最喜欢画画了，一听到"画画"两个字，嘟嘟抬起头，睁大了眼睛。她的眼里马上发着光。于是，我顺着他们的兴趣继续聊。

老师："对啊，医生在你们的喉咙里画画呀！"

嘟嘟："啊？真的吗？真的呀，我看见医生真的在画画呀，可以让医生给我画个爱心桃吗？"

老师："当然可以喽。"

听到我的回答，嘟嘟笑得前俯后仰，一旁的孜孜听到了，也凑过来比划着。孜孜："我也要，我也要，我也画个爱心桃呀，很多很多个爱心桃。"........

孩子们开始有点迫不及待了，他们伸长了脖子，期待着医生在他们嘴巴里画画。之前还紧紧拉着我衣角的嘟嘟不知什么时候已经松开了手，蹦到医生面前，把嘴巴张得大大的。

嘟嘟："医生阿姨，我想在喉咙里画个爱心桃！"

医生："爱心桃？"

医生愣了一下，接着马上笑眯眯地点头，拿出棉签在嘟嘟的喉咙里轻轻地画了个爱心。

完成检测的嘟嘟，立马转身兴奋地告诉同伴们："医生阿姨真的给我画了个大大的爱心桃，体检一点也不可怕，只是有点痒痒的。"

听到嘟嘟的话，医生们笑出了声，她们纷纷主动问后面来的孩子："小朋友，你想画什么？"

于是整个检测现场，变成了一次"画画"交流会，孩子们开心地交流着医生为自己画的"画"。

幸福就是这么简单，医护人员们也因为孩子稚嫩的话语消解了工作的疲乏，他们用充满爱的"画"温润了孩子们焦虑的内心；而孩子们又因医护人员温暖的举动，更加配合，早早地张开嘴巴。老师们悬着的心终于放下，原

123

本"令人紧张"的体检变成了一次别样的幸福体验。

哎呀，蛋破了！

自从班级自然角来了两位新住户——鸽子小白和小灰，孩子们每天都围着它们转，说小白是妈妈，小灰是爸爸。一天放学，它们终于下了个蛋，我正为孩子们感到高兴呢，结果第二天早上，一到教室，我就看到小灰正在用尖尖的嘴巴猛啄蛋壳，一串透明液体从破裂的蛋壳里流了出来，我还没从"蛋破"的情绪当中走出来，孩子们已经陆续入园，围在了自然角，我实在不知道该如何开口，只好待在一旁，默默地看着，静静地听着。

果然，很快就有人发现："鸽子下蛋啦！"孩子们把鸽笼包围得水泄不通，好奇地你一言我一语。

"嘘——鸽子宝宝是不是在里面睡觉啊？"

"鸽子怎么没有生两个蛋？要一个男的一个女的才好。"

"妈妈怎么没给它孵蛋？"

听着孩子们的趣聊、疑问，我没敢接话。

济宁绕着鸽笼转了一圈，一下看出了端倪，"咦，小灰的尾巴下面怎么有黄色的果冻？"其他孩子猜测道："老师，蛋是不是破掉了？"

"哎呀，蛋怎么就破掉了呢？"我顺着孩子们的思路，小心翼翼地问。

宥祺伸出双手，扑扇了两下，说："是不是小鸽子想爸爸妈妈，就自己飞出来了？"

南珊笑着说："里面太无聊了，小鸽子自己跑出来了。"

安琪歪着脑袋，眼珠子转了转："可能是爸爸早上出门上班前亲了蛋宝宝一口，一不小心就给亲破了。"

安琪这个有趣的设想引得孩子们哈哈大笑，孩子们闲聊的话匣子彻底打开了。

帅飞咧着嘴巴笑着说："会不会是爸爸妈妈早上起来，肚子太饿了，以为是个鸡蛋，想把它当早餐吃了！"

屺禾低着脑袋轻轻地说："是不是小鸽子赖床，妈妈敲门就给敲破了？"

……

此时此刻，沉浸在孩子们奇思妙想中的我，该说点什么呢？是要告诉他们"小灰吃蛋"的真相？抑或是向他们解释小鸽子需要经过孵化才可能出来？不，我还是静静地听吧。因为我能够给予的，已不如孩子们已经获得的。成人视角下"蛋破了"的烦恼，在孩子眼中原来是只是一件充满生活趣味的小故事，于是，我放弃"教"的执念，让他们在快乐的想象中、闲聊中交换思想，收获美好！

荷兰猪去哪儿了？

自然角里饲养了两只荷兰猪，小朋友们很喜欢它，可是有一天，不知为何意外死亡了一只。孩子们把荷兰猪的家围得个水泄不通。"咦，荷兰猪少了一只啊，它去哪了呢？"蔡若辰着急地打开了荷兰猪家的门，左瞧瞧、右看看，想确认荷兰猪是否躲在某个角落。

"它是不是生病了，我上次感冒也请假一天去医院了！"周弘浠无意间的想法带动了其他孩子们的思考。

"荷兰猪是不是想妈妈了，去找妈妈了！"

"不对不对，荷兰猪应该是太孤单了，出去找朋友玩啦！"

孩子们叽叽喳喳地聊着，出乎意料的是，大家并未对荷兰猪的失踪感到紧张或不知所措。

过了几天，还不见荷兰猪回来，孩子们开始有些坐立不安，纷纷问我："老师，荷兰猪怎么还不回来呀？它是不是不喜欢我们了？不要我们了？"焦虑和疑惑在孩子们心中蔓延。

由于冷空气原因，孩子们还没等来原先那只荷兰猪回来的好消息，仅剩的一只荷兰猪也在孩子们离园期间，被发现冻死了。

孩子们入园，发现荷兰猪都不见了，再也坐不住了，不管晨间入园、午睡起床，还是餐后散步，只要有一空，孩子们便会寻觅幼儿园的每一个角落。大自然角的雅趣小座也都是关于荷兰猪去向的话题。

"荷兰猪到底去哪了？"

宁璎说："荷兰猪去打疫苗了，它非常勇敢，身体棒棒哒。"

彦妮说："荷兰猪去旅游了，去住酒店了。"

芷菡说："荷兰猪去万达的超市里买东西啦。"

祺晟说："两只荷兰猪，开着荷兰猪车去荷兰猪的老家去旅游了。"

……

原来，在孩子心中，荷兰猪的久久未归也许是一次平常的出行，也许是精心安排的旅行，孩子们总觉得它们会回到班级，于是我默默地选购了新的荷兰猪。

看见荷兰猪"回来"，孩子们笑得格外甜，一直凑到荷兰猪面前问："荷兰猪，你去哪里了？偷偷跑去哪玩了？你想我们了吗？我们可想你了！"

一旁的彦妮却挠了挠头："老师你看，荷兰猪身上怎么变黑了啊？"我的心猛地一紧："难道穿帮了吗？"这只荷兰猪是比之前黑了一点，这下该怎么跟孩子们解释呢？

正当我手足无措之时，彦妮的笑声从耳边传来："哈哈哈，荷兰猪是不是出去旅游被晒黑了？太搞笑了吧！"

这个想法引得孩子们哈哈大笑，而我呢？沉浸在孩子们的奇思妙想中，竟也忍不住笑出声来。尽管此时的荷兰猪已然不是当初的荷兰猪，但在孩子们的世界里，生与死，真与假，似乎都不是那么重要了，重要的是，他们与荷兰猪之间的感情，他们对荷兰猪的思念，他们对荷兰猪付出的真心，以及他们关于荷兰猪去处的幻想。此刻，他们那天马行空的想象力与童真全部圆满了。

老师的鞋柜

为了给孩子们营造一个卫生、舒适的寝室环境,"换鞋进入寝室"早已是约定俗成的规则了。经过小班日复一日的监督,升入中班后,这个习惯仿佛已经刻入孩子们的骨子里,无需提醒,他们也能自觉做好这件事。

这不,有一天,我被小朋友们"检举"了。

这一天,我为了尽快完成一份班级材料,悄悄地躲在寝室里"赶工",自以为无人知晓,不承想,一会儿就传来小朋友窸窸窣窣的闲聊声。

"陈老师!陈老师!你在干什么呢?""你躲在我们睡觉的地方干嘛呀?""陈老师,陈老师……"

我头也没抬,急促地回答道:"我急着写材料呢!你们快去玩区域吧!"

绮绮和滟滟听见我搭话了,脱了鞋就往我身边靠,问道:"陈老师,你在写什么材料呀?"我还没回答呢,绮绮突然喊道:"陈老师,你怎么没有换鞋就进来了呢?"

绮绮两眼直勾勾地盯着我的鞋子,外面的小朋友一听到这话,也七嘴八舌地说开了,有的说:"陈老师,你怎么穿着鞋进来了?"

有的喊:"快来看,陈老师没换鞋就踩进来了!"

我尴尬地收拾材料,脱下鞋子准备溜出寝室。

小大人滟滟冲上来护住我,说:"哎呀,你们不要再说啦!老师又不是故意的!"

"对呀,没关系,上次林老师也穿着鞋踩进去了呢!"妮妮接话道。

"对不起,我刚才实在是太急了,我做得不对!"听着孩子们的话语,我为自己不经意的动作感到愧疚,明明是我们共同制定的规则,偏偏被我在不经意间打破了。

机灵鬼依扬说:"你们看,外面只有小朋友的鞋柜,没有老师的,难怪老师会忘记呢!我们也给老师做个鞋柜吧,这样老师就不会忘记了!"于是,一场鞋柜创意活动来袭，为了给老师有效的提醒，孩子们轰轰烈烈地制作了具有本班特色的鞋柜。

　　这个鞋柜时刻提醒着我们身为教师应遵守规则，提醒着我们的一言一行、一举一动都在潜移默化之中影响着孩子。孩子就是我们的一面镜子，折射着老师的言行举止。我们不应该只用自己的"权威"来约束孩子、要求孩子；更应该以身作则，用自己点滴的行为在潜移默化之中影响孩子。